D1921711

Tomas Svoboda · Schmerzen psychologisch überwinden

Tomas Svoboda

Schmerzen psychologisch überwinden

Ein Selbsthilfebuch

Oesch Verlag

CIP-Titelaufnahme der Deutschen Bibliothek

Svoboda, Tomas:

Schmerzen psychologisch überwinden : ein Selbsthilfebuch / Tomas Svoboda. - 2. Aufl. - Zürich : Oesch, 1989

ISBN 3-85833-395-6

Alle Rechte vorbehalten
Nachdruck in jeder Form sowie die Wiedergabe durch Fernsehen, Rundfunk, Film, Bild- und Tonträger oder Benützung für Vorträge, auch auszugsweise, nur mit Genehmigung des Verlags

© by Oesch Verlag AG, Zürich
2. Auflage, 1989

Die erste Auflage erschien 1986 bei
Schönberger GmbH & Co Verlags KG, München

Schutzumschlag: Heinz von Arx, Zürich
Lektorat: Dr. Marcella Ullmann, München
Satz: Filmsatz Schröter GmbH, München
Druck und Bindung: Franz Spiegel Buch GmbH, Ulm
Printed in Germany

ISBN 3-85833-395-6

Inhalt

Einleitung

Mit diesem Buch bedenke ich vor allem den mündigen Schmerzpatienten. Das ist für mich jeder schmerzgeplagte Mensch, der an einer Besserung seines Gesundheitszustandes aktiv mitarbeiten will, bis jetzt aber nicht genau weiß, wie er es tun soll. Für ihn sammelte ich hier Wissenswertes darüber, wie der menschliche Geist alle Arten körperlich empfundener Pein bewältigen kann. Dabei kommt es nicht darauf an, ob die Schmerzen als »organisch« oder als »psychisch« verursacht gelten. Nur die innere Bereitschaft entscheidet über das Maß des Erfolges!

Das praktische Wissen über die Schmerzhilfe durch eigenständiges geistiges Üben steht in den Kapiteln 3 bis 6 beschrieben:

In Kapitel 3 (Abschnitt »Hypnose«) und in Kapitel 4 zeige ich die Vielfalt der suggestiv-meditativen Methoden auf, ohne dafür fachliche Kenntnisse oder eine bestimmte Weltanschauung vorauszusetzen. Der Leser soll sich damit auf das Kapitel 5 vorbereiten. Dort erwarten ihn drei konkrete Wahlvorschläge für die tägliche Selbstanwendung.

In Kapitel 6 gehe ich noch ein paar Schritte weiter, an die Wurzeln sozusagen. Ich möchte dort alle verantwortungsbewußten Eltern dazu anregen, schon ihre Kinder in Schmerzgelassenheit zu erziehen. Darin sehe ich einen entscheidenden Beitrag zum Wohle der nächsten Generationen, den jeder Erwachsene ohne große Mühe zu leisten imstande ist. Das Ziel lautet also, die Kinder sollen von klein auf die Alltagsverletzungen mit positiver Geisteshaltung meistern – und nicht lernen, automatisch an Schmerzen zu denken.

Jedem Kapitel sind ausführliche Anmerkungen zugeordnet. Sie beinhalten weiterführende Hinweise, Ergänzungen und Quellennachweise.

Im Anhang finden sich die Grundideen einer außergewöhnlichen Schmerzklinik, die von dem Arzt und Psychologen Dr. Norman Shealy

(USA) 1971 gegründet wurde. Sein Werk blieb jedoch bis heute in der Schmerzliteratur völlig unbeachtet. Den Zustand möchte ich hier endlich beenden. Das als Dank – denn ohne die geistige Vorarbeit von Norman SHEALY und von Jack SCHWARZ, einem Meditationsmeister, wäre dieses Buch bestimmt nicht entstanden.

Das vorliegende Buch will seinem Leser neben dem notwendigen theoretischen Wissen über das Wesen des Schmerzes vor allem aber praktische Hilfen für die Bewältigung von Schmerzproblemen bieten. Wir haben deshalb durch die graphische Gestaltung dafür gesorgt, daß sich die theoretischen Informationen von den Teilen, die praktische Hilfe vermitteln, schon optisch leicht voneinander unterscheiden lassen: Die zahlreichen Übungstexte sind in wesentlich größerer Schrift gedruckt als die übrigen Passagen und lassen sich daher beim Durchblättern dieses Buches auf Anhieb finden.

Diese augenfreundliche Schriftgröße der Übungstexte soll der Lesbarkeit entgegenkommen – so ist der Wortlaut auch bei halbgeschlossenen Augen oder gedämpfter Raumbeleuchtung ohne Überanstrengung zu verfolgen.

Es ist nicht notwendig, die Übungstexte sofort auswendig zu lernen. Lesen Sie sie anfangs mehrmals halblaut oder lassen Sie sie laut vorlesen. Eine weitere Möglichkeit ist, die Übungen auf eine Tonbandkassette zu sprechen. Gerade zu Beginn des Übungsprogramms hat es sich als positiv erwiesen, mit der eigenen Stimme bzw. der einer vertrauten Person zu arbeiten.

Erst an letzter Stelle will ich auf ein professionelles Cassettenprogramm hinweisen, das gerade entwickelt wird. Anfragen dazu bitte (mit frankiertem Rückantwortkuvert) an Schönberger Verlag, Sendlinger Straße 13, 8000 München 2.

Abschließend noch ein Wort der Vorsicht:
Die suggestiv-meditativen Übungen zur Schmerzüberwindung dürfen niemals dauerhaft bei medizinisch ungeklärten Schmerzzuständen angewendet werden!

Ich selbst kenne einen Menschen, der sich die suggestive Technik der Schmerzunterdrückung aneignete, um häufige Bauchschmerzen zu verdrängen. Leider war ihm nicht bekannt, daß seine Beschwerden von Gallensteinen herrühren. So passierte es eines Tages, daß die Gallenblase platzte und der Saft sich in den Bauchraum ergoß. Nur dank einer äußerst komplizierten Behandlung auf einer Intensivstation konnte er gerettet werden.

Hier hatte also eine falsch verstandene, übertriebene geistige Beherrschung den Körper beinahe vernichtet, statt ihm zu helfen. Daher wiederhole ich:

Keine (Selbst)Behandlung vor der (Fremd)Diagnose!

Der Verfasser.

Kapitel 1

Das Wesen von Schmerzen

Empfinden und Erleiden von Schmerzen

Jeder von uns kennt Schmerzen. Ein Aufprall gegen eine harte Fläche, ein Schnitt mit dem Messer oder die Berührung einer offenen Flamme – vieles kann Schmerzen verursachen. Wir sind es gewohnt, daß wir Schmerzen zeitweise ertragen müssen, und die meisten von uns kommen damit klar. Dennoch gibt es bis heute keine Einigung darüber, was und wie beschaffen DER Schmerz ist. Diese rein subjektive Gegebenheit entzieht sich seit jeher einer objektiven allgemeingültigen Bestimmung. Als ARISTOTELES vor mehr als 2000 Jahren die fünf Sinne festlegte, fand dabei der Schmerz keine Berücksichtigung. Und wenn sie heute in einschlägigen Lexika nachschauen, hat sich seitdem kaum was geändert. Das Stichwort »Schmerz« wird meist erst gar nicht angeführt. Auch die Fachwelt findet sich im Stillen damit ab, daß man Schmerzen nach wie vor nur am konkreten Beispiel erfassen kann, nur wenn der Patient die entsprechende Körperstelle und die dort wahrgenommene Störungsart mit seinen eigenen Worten beschreibt.

Ein wichtiger Beitrag der modernen Schmerzforschung ist jedoch die Feststellung, daß man beim Schmerzerlebnis immer zwischen EMPFINDEN und ERLEIDEN unterscheiden muß. Die voneinander unabhängige Existenz der beiden Komponenten wurde zum einen durch neurochirurgische Eingriffe an Patienten mit unerträglichen Schmerzen belegt. Man glaubte in diesen Fällen, daß nur noch mittels einer operativen Unterbrechung bestimmter Nervenbahnen im Gehirn (= präfrontale Lobotomie) eine Abhilfe möglich wäre. Tatsächlich sagte nach dem Eingriff die überwiegende Mehrzahl der Patienten aus, daß ihre Schmerzen zwar weiterhin im Körper vorhanden seien, die Leiden aber weitgehend verschwunden waren. Die Operationen bewirkten allerdings gleichzeitig derart tiefgreifende Veränderungen der Persönlichkeitsstruktur jedes Betroffenen, daß man von dieser Praktik rasch abließ. Zum anderen wurde die Unterscheidung in psychologischen Untersuchungen bestätigt, bei denen die schmerzbezogenen Äußerungen auf ihre Grundbedeutung hin ausgewertet wurden. Dabei ergaben sich neben der Empfindung (E) sogar zwei Leidensanteile, der Affekt (A) und die Bewertung (B). Ein Beispiel mit jeweiliger Erlebnissteigerung soll dies verdeutlichen:

E – heiß / glühend / sengend
A – strafend / grausam / tödlich
B – unbehaglich / beschwerlich / qualvoll

Schmerz, eine lebenswichtige Schutzfunktion

Wenn wir von Schmerzen sprechen, die jeder von uns kennt, dann denken wir meistens an die ganz großen Verletzungen oder Operationen. Dabei erleben wir täglich eine ganze Reihe kleinerer Schmerzen. Ihre Wichtigkeit wird klar, wenn wir Menschen mit angeborener Schmerzunempfindlichkeit betrachten. Mag sich der seit Jahren gepeinigte Leser an dieser Stelle sehnlichst nichts anderes wünschen, als zu ihnen zu gehören, es wäre ihm zu widersprechen, denn er hat die Folgen der totalen Schmerzlosigkeit nicht bedacht. Es sind Fälle bekannt, wo sich Kinder beim Kauen die Zungenspitze abgebissen haben, wo es beim Augenreiben zu Augenverletzungen kam, wo Menschen schwerste Verletzungen erlitten haben, nachdem sie sich unbemerkt auf einen heißen Ofen knieten. Bereits bei Jugendlichen wurden pathologische Veränderungen der Gelenke und der Wirbelsäule beobachtet, weil der Schutzmechanismus des Druckschmerzes nicht eingriff und das Umdrehen im Schlaf oder die Gewichtsverlagerung beim längeren Stehen ausblieben. Diese Menschen starben alle relativ jung z. B. an akuter Blinddarmentzündung, weil sie keine Leibschmerzen dazu veranlaßten, rechtzeitig Hilfe aufzusuchen.

Diese Beispiele zeigen, daß der Schmerz offensichtlich eine lebenswichtige Schutzfunktion erfüllt. Er signalisiert dem Menschen negative Vorgänge in seinem Organismus, zu einem Zeitpunkt, zu dem sie durch geeignete Gegenmaßnahmen zu beseitigen sind. Leider funktioniert er nicht absolut. Viele wirklich schlimme Krankheiten bleiben in den ersten Stadien unbemerkt, weil der Patient allenfalls kleine Mißempfindungen aber keine echten Schmerzen hat. Manchmal spürt er seine Schmerzen erst so spät, daß sich der Arzt lediglich auf die Diagnose beschränken muß, sein Leiden ist nicht mehr behandelbar. Solche tragischen Entwicklungen hört man häufig bei Krebs, doch es trifft genauso gut auf Multiple Sklerose oder Herzinfarkt zu. Einige Autoren vertreten deshalb sogar die Auffassung, der Schmerz habe keinen Sinn im Leben, ja die Krankheit wird von ihm höchstens noch verschlimmert.

Das wohl erstaunlichste Phänomen beim Schmerz ist seine Fähigkeit sich zu verselbständigen und chronisch zu werden. Dabei spielt es keine Rolle, ob der ursprüngliche Auslöser eine körperliche Verletzung oder ein psychischer Konflikt war – dauert ein Schmerz 6–12 Monate, dann hatte sich eine Schmerzkrankheit etabliert, deren Eigendynamik der Verstand eher selten zu fassen vermag.

Die auffälligste Form ist der *Phantomschmerz*. Er entwickelt sich nach einer operativen Wegnahme der Gliedmaßen. Die meisten Amputierten spüren unmittelbar nach dem Eingriff ein Phantomglied, welches an die Stelle des entfernten Armes oder Beines tritt. Es zeichnet sich durch ein Kribbeln aus. Etwa ein Drittel aller Amputierten verspürt darin zeitweise auch Schmerzen, häufig in gleicher Gestalt, in der sie sich vor der Operation geäußert hatten (z. B. ein Holzsplitter unter einem Fingernagel). Mit der Zeit gehen bei den meisten dieser Patienten die Phantomschmerzen von alleine weg, 5–10 Prozent behalten sie jedoch auf Dauer. Die Schmerzen nehmen dann noch zu und werden sogar durch körperliche Reizungen ausgelöst, die anfangs in keinem Zusammenhang mit den ursprünglichen Beschwerden standen, wie z. B. die Entleerung der Blase oder des Darmes. Auch belastende psychische Ereignisse vermögen diese Schmerzen zu verstärken.

Nach einer Verwundung der peripheren Nerven durch Gegenstände mit hoher Geschwindigkeit, typischerweise Geschoßkugeln oder Granatsplitter, kommt es bei 2–5 % der Verletzten zu *Kausalgie*. Der Name bedeutet »brennender Schmerz«, und die Patienten beschreiben es als eine unendliche Qual voller Hitze und Feuer. Innerhalb eines Jahres verschwindet die

Kausalgie bei etwa ¾ der Betroffenen. Der Rest behält diesen unsäglichen Schmerz. In einem noch stärkeren Maße als der Phantomschmerzgeplagte ist der Kausalgie-Patient gegenüber jeder Art von plötzlicher Reizung überempfindlich, egal ob es eine sachte Berührung, ein unerwartetes Geräusch, ein rascher Wechsel von visuellen Eindrücken oder eine starke Gefühlsregung ist. Auch die leiseste Bewegung der verletzten Extremität kann zu einem Schmerzausbruch führen.

Durch periphäre Nervenschädigungen, als Resultat einer infektiösen oder funktionalen Erkrankung, entstehen zuweilen *Neuralgien.* Am bekanntesten ist die Zosterneuralgie und die Trigeminusneuralgie. Die Zosterneuralgie ist eine Folge von Gürtelrose (Name des Erregers = Herpes Zoster). Sie besitzt zwei besondere Eigenschaften: Nach einer Reizung der erkrankten Hautstellen verzögert sich die Schmerzreaktion bis um 45 Sekunden, dann aber setzt der Schmerz beinahe explosiv ein. Die Haut gewöhnt sich auch nicht an einen gleichmäßigen Reiz, sondern mit dessen Dauer steigern sich die Schmerzen nur. Außerdem ist die Schmerzzunahme von der Größe der gereizten Hautfläche abhängig – der Druck mit einer vollen Handfläche läßt also Schmerzen schneller ansteigen als der gleiche Druck mit nur einer Fingerspitze. Deshalb meiden Gürtelrose-Patienten eng anliegende Bekleidung, denn die geschädigte Hautpartie ist extrem berührungsempfindlich.

Im vergangenen Jahrhundert wurde von einigen Neurologie-Professoren mit Vorliebe folgende Demonstration gepflegt, um den Studenten die Zeitverzögerung einer Neuralgie ins Gedächtnis einzuprägen. Am Ende der Vorlesung stach der Professor den vorgestellten Patienten an der erkrankten Stelle mit einer Nadel, was zunächst ohne Reaktion blieb. Dann zog er den weißen Kittel aus und die Anzugsjacke an, kündigte das Thema und die Zeit der nächsten Vorlesung an, verließ den Raum – und in dem Augenblick, als er die Tür hinter sich schloß, stieß der Patient einen markerschütternden Schmerzensschrei aus!

Die Trigeminusneuralgie befällt die von den Trigeminusnerven versorgten Gesichtsteile: die Gesichtshaut, die Nasen- und Mundhöhle, den Gaumen, die Zunge und die Kaumuskulatur. Der attackenweise auftretende Schmerz wird so heftig, daß der Kranke oft weder essen noch sprechen kann. Ab und zu gehen die Anfälle mit regelrechten Zuckungen der Gesichts- und Kaumuskulatur einher (= Tic douloureux). Merkwürdigerweise werden die Schmerzattacken nur durch schwache Reize ausgelöst, wogegen starke Stimulation wie festes Pressen gegen den Kiefer keine neuralgische Wirkung zeigt. Eine weitere Besonderheit der Trigeminusneuralgie besteht darin, daß sie plötzlich verschwinden und erst nach Wochen oder Monaten gleichfalls ohne einen konkreten Anlaß zurückkehren kann.

Der Werdegang des Schmerzpatienten

Neben den drei geschilderten Schmerzphänomenen nehmen sich die anderen chronischen Schmerzzustände eher bescheiden aus: Kopfspannungsschmerzen, Migräne, Kreuz- und Steißbeinschmerzen, Bandscheibenvorfall, Zervikalsyndrom und Rheumaschmerzen, um nur die häufigsten zu nennen. Trotzdem gilt auch da: Mit jedem dauerhaften Schmerz ist ein persönliches Schicksal verknüpft. BAAR (1984) schildert den charakteristischen Werdegang des Schmerzpatienten wie folgt: *»(Nach mehreren vergeblichen Bemühungen des Arztes) Hoffnung wechselt mit Enttäuschung, Resignation breitet sich aus, der Schmerz bekommt den höchsten Stellenwert im Leben des Kranken und wird zum Mittelpunkt des Denkens wie des Fühlens. Das Schmerzleiden belastet nunmehr die sozialen Beziehungen in der Familie und am Arbeitsplatz. Das Verhältnis des Patienten zu seiner Umwelt wird immer mehr gestört. Da der Schmerz weder in seiner körperlichen Komponente meßbar noch in seiner psychischen Komponente nachfühlbar ist, stößt der Patient überall auf Unverständnis und wird bei einem Fortbestehen des Schmerzleidens allzu häufig zum ›eingebildeten Kranken‹ oder ›Simulanten‹ abgestempelt. Kommen dann noch Rentenaspekte hinzu, ergibt sich fast zwangsläufig ein Teufelskreis, der immer neue Zyklen durchläuft.«* *

---

* H. A. Baar: Schmerz – Symptom oder Krankheit. 1984, in Informationsschrift der Deutschen Schmerzhilfe e. V., Woldsenweg 3, 2 Hamburg 20

Das Erlernen von Schmerzen

Die Entwicklung zum Schmerzpatienten wird von mehreren Faktoren maßgeblich mitbestimmt. Wir wollen hier auf sie etwas näher eingehen, weil ihre Kenntnis für die spätere Selbstanwendung der psychologischen Schmerzkontrolle sehr wichtig ist.

Einen der wichtigsten Faktoren stellen *kulturelle* und *soziale Einflüsse* dar. Sie sind der Hauptgrund, warum häufig auf vergleichbare Reizungen sehr unterschiedliche Schmerzreaktionen folgen.

Die Wissenschaft konnte keine verbindlichen Verhaltensrichtlinien oder Normen dafür finden, wie ein Mensch auf Schmerzen reagiert. Der Umgang mit dem Schmerz wird bei einzelnen Völkern, Gesellschaften oder Gemeinschaften gemäß dem vorherrschenden Gruppengeist geprägt. Mitglieder müssen also lernen, bestimmte Körperwahrnehmungen als Nicht-Schmerzen zu tolerieren. Als Beispiel sei der Sonnentanz nordamerikanischer Indianer genannt. Dem angehenden Krieger wird mit einem scharfen Messer die Haut mehrmals aufgeschnitten und durch je zwei Wunden ein starkes Lederband gezogen. Die freihängenden Endstücke der Brustbänder bindet man dann an Lassos fest, die ihrerseits an der heiligen Säule befestigt werden. An das Schulterband wird eine schwere Trommel oder ein Büffelkopf angebunden. Der junge Mann muß zunächst den am Rücken befestigten Gegenstand von sich schleudern und anschließend einen Ritualtanz durchführen, bei dem die Brustbänder herausgerissen werden. Dies alles geschieht ohne eine Schmerzäußerung.

Den Gegensatz zu solcher Selbstbeherrschung repräsentiert wohl die Forderung *»Der Arzt habe meine Schmerzen schnell zu beseitigen, auch wenn nicht klar ist, woher sie kommen«*. Sie wurde in einer Studie weißen, puertoricanischen und schwarzen Zahnarztpatienten in den USA vorgelegt und von der mittleren Gruppe deutlich bevorzugt.

Die erste und einflußreichste Bezugsgruppe ist für jeden von uns zweifelsohne die Familie oder ihr Ersatz. Sie leitet ein Kind u.a. an, wie es seine Verletzungen aufnehmen soll. Auf dieser Grundlage entstehen Reaktionsmuster, welche das weitere Schmerzverhalten und -erleben des Kindes bis in das Erwachsenenalter hinein prägen. Der *Effekt der frühen*

Erfahrung wurde experimentell an Hunden bewiesen. Junge Tiere der Versuchsgruppe wurden in Isolationsboxen großgezogen, so daß ihnen jede körperliche Erfahrung von Schmerzen vorenthalten blieb. Als erwachsene Tiere waren sie dann außerstande, auf gefährliche Reize richtig zu reagieren. Sie schnupperten zum Beispiel am brennenden Streichholz, oder äußerten keine Schmerzreaktionen, wenn sie mit einer Nadel gestochen wurden. Sie zeigten nur Neugierde, aber keine emotionale Erregung oder Fluchtverhalten. Die Tiere der Kontrollgruppe dagegen, normal großgezogen, erfaßten die gefährlichen Situationen so schnell, daß sie der Versuchsleiter in der Regel nur ein einziges Mal mit der Flamme oder der Nadel berühren konnte.

Ein anderer Lerneffekt ist die *Umkonditionierung* von Schmerzreizen. Auch hier kann man zur Verdeutlichung einen Versuch mit Hunden heranziehen. Die Tiere wurden jedesmal unmittelbar nach einem leichten elektrischen Schlag mit Futter belohnt, also konditioniert, auf unangenehme Reizung mit freudiger Erwartung der Futterbelohnung zu reagieren. Der elektrische Stromstoß wurde stets an einer ganz bestimmten Stelle des Beines verabreicht, die positive Erwartung am verstärkten Speichelfluß gemessen. Nachdem sich diese Reaktion einprägte, wurde die Stärke des Schlages schrittweise soweit erhöht, daß der Stoß schließlich die Haut verbrannte. Dennoch antworteten die Tiere mit freudiger Erwartung. Wandte man jedoch die Stromreizung an einer anderen beliebigen Stelle des Körpers an, heulten sie genauso vor Schmerz, wie vor dem Training.

Neben den langzeitigen Lerneffekten entscheidet auch die *situative Bedeutung* des Unfalles über das Aufkommen und die Intensität von Schmerzen. Unter extremen Umständen scheint sogar dieser subjektive Wert die sonst üblichen Erfahrungen außer Kraft zu setzen. So zeigte sich z. B. im Zweiten Weltkrieg, daß schwerverletzte Soldaten relativ selten nach Schmerzstillung durch Morphium verlangten. Nur einer von drei wünschte es. Eine Befragung von Zivilisten, die nach dem Krieg vergleichbare Verwundungen erlitten, ergab ein völlig anderes Bild: Vier von fünf wollten unbedingt eine Morphiumspritze! Die Befunde belegen eindrucksvoll, wie wichtig die persönliche Einschätzung der Unfallfolgen für das

Erleben von Schmerzen ist. Der verwundete Soldat war froh und dankbar darüber, mit dem Leben davongekommen zu sein; für den Zivilisten bedeutete seine Verletzung eine schreckliche Katastrophe.

Persönlichkeitsmerkmale des Schmerzpatienten

Zu guter Letzt wollen wir uns den *Persönlichkeitsmerkmalen* zuwenden, die mit Schmerzempfindlichkeit in Verbindung gebracht werden. Als Bezugsgrößen treten da die Begriffe Neurotizismus und Extraversion/ Introversion auf.

Neurotizismus ist ein Wesenszug, dessen extreme Ausprägung durch überhöhte Erregbarkeit, Irritierbarkeit, Ängstlichkeit, mangelnde Selbständigkeit und emotionale Labilität gekennzeichnet ist. In Bereich der Extraversion fallen solche Menschen, die sich durch Geselligkeit, Umgänglichkeit, Lebhaftigkeit, Unternehmenslust, Mitteilsamkeit und Durchsetzungsvermögen, aber auch durch Unbeherrschtheit und Tonangeben auszeichnen. Das Gegenteil gilt für Menschen, die beim Testen hohe Introversionswerte erreichen. In der klinischen Praxis stellt man im allgemeinen fest, daß die Schmerzempfindlichkeit positiv mit der Introversion zusammenhängt, d.h. der Introvertierte empfindet mehr Schmerzen als der Extravertierte. Nach außen fällt jedoch eher der Extravertierte auf, weil er sich stärker zu beklagen pflegt als der Introvertierte. Auch Menschen mit höheren Neurotizismuswerten neigen zu größerer Schmerzempfindlichkeit.

Eine Erklärung sieht man darin, daß die Extravertierten schwerer konditionierbar sind und daher weniger Zukunftsangst vor dem Schmerzreiz entwickeln. Der Wesenszug Ängstlichkeit aber verstärkt die Schmerzempfindung ganz besonders, wie mehrere Studien übereinstimmend beweisen.

Mit dem Konzept der Extra-/Introversion eng verwandt ist die Persönlichkeitsdimension »Abschwächung«/»Verstärkung« von Wahrnehmungen. Der »Abschwächer« ist jemand, der Außenreize bei der Aufnahme so weit reduziert, daß er meist möglichst intensive Reize von außen benötigt.

Der »Verstärker« im Gegensatz dazu findet alle Wahrnehmungen von vornherein zu heftig. Sein Bestreben ist, sich vor der Flut an Sinneseindrücken zu schützen.

Im Alltag ist z. B. ein typischer »Abschwächer« derjenige, der nur bei laufendem Radio und im Laufen durchs Zimmer, zu lernen vermag; der »Verstärker« braucht hingegen absolute Ruhe, sein Körper darf sich kaum rühren. Die meisten Menschen liegen allerdings irgendwo zwischen den beiden Extremen, genauso wie bei der Extra- und Introversion.

Auf das Schmerzerleben übertragen bedeutet es, daß die größte Schmerztoleranz bei ausgeprägter Abschwächungsneigung vorkommt. Und die ist mit der zuvor beschriebenen Extraversion praktisch identisch, zumindest was das Erleben von Schmerzen anbelangt.

Soviel zu den gängigen Überlegungen über das Wesen von Schmerzen. Wir wissen vor allem, daß es bisher nicht gelungen ist, den Schmerz allgemein zu definieren. Deshalb ist es auch nicht möglich, zu bestimmen, wann ein Schmerz *chronisch* wird. Ich teile hier die Auffassung, daß chronische Schmerzen seit mindestens 6 Monaten andauern müssen. In dieser Zeit hatte sich der Patient in der Regel bereits einigen medizinischen Behandlungen unterzogen, doch ein nachhaltiger Erfolg ist ausgeblieben.

Glücklicherweise ist die philosophische Frage nach dem Wesen der Schmerzen nicht unbedingt diejenige, die den Patienten in dieser Situation am meisten interessiert. Ihn interessiert vielmehr, wie/wodurch er sein Mißbefinden verändern kann. Der Antwort auf diese Frage sollen uns die nächsten Kapitel näher bringen.

Anmerkungen

FREEMAN & WATTS (1950) veröffentlichten Berichte über die präfrontale Lobotomie; deren verheerende Auswirkung auf die Persönlichkeitsstruktur schildert PETRIE (1952; zit. in GIBSON, 1982).

Das Beispiel einer schmerzbezogenen Äußerung stammt von MELZACK & TORGERSON (1971). In ihrer Studie zur Bestimmung der Schmerzeigenschaften ließen sie zunächst die Versuchspersonen aus 102 Wörtern, die sie selbst in der Fachliteratur über Schmerzen gefunden hatten, kleinere Gruppen mit jeweils gleicher Bedeutung bilden. Es ergaben sich 3 Hauptklassen (im Haupttext E = sensorisch-diskriminativ, A = affektiv-motivational, B = evaluativ-kognitiv) und 16 Unterklassen. Im zweiten Teil der Untersuchung ging es um die Aufstellung von Reihenfolgen innerhalb der einzelnen Unterklassen aufgrund der Schmerzstärke, die die Worte beinhalten (im Haupttext als Erlebnissteigerung bezeichnet). Eine Weiterentwicklung dieser Arbeit ist der McGill-Schmerzfragebogen (MELZACK, 1975).

Über die angeborene totale Schmerzunempfindlichkeit berichten umfassend CRITCHLEY (1956), JEWESBURY (1951), MCMURRAY (1950) und STERNBACH (1968).

Der schmerzfreie Ausbruch einer schweren Krankheit veranlaßte LERICHE (1939) zu der Äußerung, der Schmerz sei ein unheilvolles Geschenk, das seinen Besitzer nur in Anspruch nehme und ihn kränker mache, als jener ohne den Schmerz schon wäre. BUYTENDIJK (1962) spricht vom Schmerz als einem sinnlosen Teil des Lebens. Er sei das »Böse«, das Gegenteil vom Leben, und mache den Menschen zu einer armseligen Kreatur, die tausend und immer weitere Tode sterbe.

Die Zeitangabe bei chronischen Schmerzen erfolgte nach BAAR (1984) und SHEALY (1982). Die Beschreibungen der spezifischen Krankheitsbilder entnahm ich MELZACK (1973). Dort sind auch die Originalquellen angeführt.

Den Einfluß der psychologischen Faktoren stellte ich anhand folgender Arbeiten dar: WEISENBERG (1982) fand keine maßgeblichen Normen für Schmerzreaktionen. WISSLER (1921) wohnte dem Sonnentanz nordamerikanischer Indianer bei. WEISENBERG u.a. (1975) interviewte die Zahnarztpatienten. MELZACK &

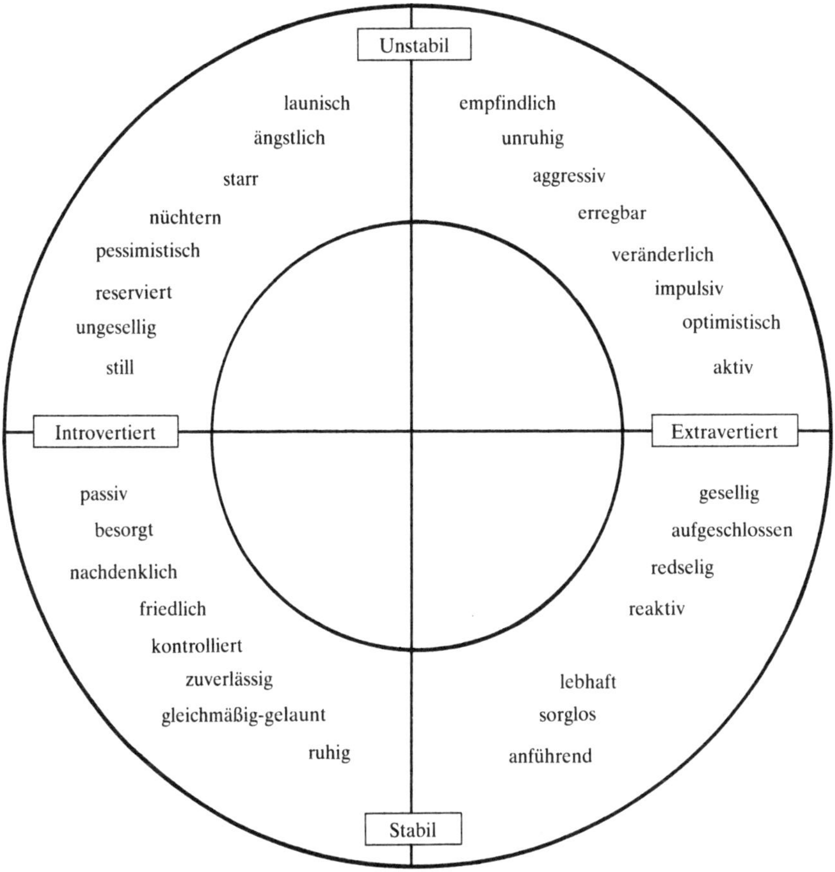

SCOTT (1957) untersuchten an Hunden den Effekt der frühen Lernerfahrung; PAWLOW (1927, 1928) experimentierte an Hunden mit der Umkonditionierung. BEECHER (1956, 1959) beobachtete den Unterschied zwischen Soldaten und Zivilisten. GIBSON (1982), STERNBACH (1968) und WEISENBERG (1982) wiesen auf die Bedeutung der Persönlichkeitsmerkmale bei Schmerzempfindung hin. Die Konzepte »Extraversion/Introversion« und »Neurotizismus« erklärte ich im Haupttext. Sie stammen von EYSENCK (1960).

Entsprechende, statistisch begründete Fragebogen wie der F-P-I gehören zum Standard der heutigen Testdiagnostik und sind dem Fachmann so gut vertraut, daß ich den interessierten Laien an dieser Stelle an BRICKENKAMP (1975) verweisen möchte.

Die Dimension »Abschwächung/Verstärkung« von Petrie (1967) ist hingegen auch in den Fachkreisen nur wenig bekannt. Daher will ich auf ihre Messung näher eingehen. Im Unterschied zu den psychometrischen Standardverfahren (ein vorgegebener Fragenkatalog; vom Probanden meist durch Ankreuzen zu beantworten; vom Untersucher dann mittels einer Schablone auszuwerten) benutzt man zur Bestimmung der A/V-Tendenz den Tastsinn. Die Versuchsperson (Vp) muß zunächst beide Hände 45 Minuten lang ruhig halten, um ihren Tastsinn auf die Grundstufe zu bringen. Dann bekommt sie die Augen zugebunden und soll die Breite eines Eichwürfels erfassen, den sie zwischen den rechten Daumen und den Zeigefinger nimmt. Anschließend befühlt die Vp mit dem linken Daumen und dem Zeigefinger einen spitz zulaufenden Holzkeil und bestimmt, an welcher Stelle der Keil genauso breit ist wie der Eichwürfel. Dieses Verfahren führt man insgesamt viermal durch. Aus den Ergebnissen werden dann die persönlichen Schätzgrundwerte ermittelt. Im nächsten Teil des Versuches bekommt die Vp einen größeren Würfel in die rechte Hand, den sie 90 Sekunden lang fest umklammern soll. Dadurch wird der Tastsinn gesättigt, d.h. auf das alltägliche Niveau gebracht. Danach wird der erste Teil des Versuches noch einmal wiederholt. Die Resultate zeigen, daß extreme Verstärker die Größe des Eichwürfels auf dem Keil bis zu 50 % überschätzen und extreme Abschwächer etwa gleich stark unterschätzen.

Kapitel 2

Der Medizinmann und der Mediziner

Die vorchristliche Epoche

Urvölker

Die Anfänge der Heilbehandlungen sind uns nur aus mündlichen Überlieferungen und aus Beobachtungen bei den Naturvölkern bekannt. Es wird geschätzt, daß die Kunst des Heilens seit mehr als 10000 Jahren praktiziert wird. Nach Keys war es zunächst die Frau, die als Behandler innerhalb der Sippe tätig war. Weil sie in der primitiven Gesellschaft als Oberhaupt (»Große Mutter«) regierte, fiel ihr auch die Rolle des Priesters und Zauberers zu. Als dann der Mann die Führung übernahm, vereinnahmte er bald auch diese maßgebliche gesellschaftliche Position. Es entstand der *Medizinmann* oder *Schamane.*

Der Schamane ist eine vielseitige Persönlichkeit. Er kennt sich mit örtlichen Heilpflanzen aus, beherrscht in der Regel einige chirurgische Eingriffe und vermag mit Gottheiten und Geistern zu verkehren, was ihn zu Prophezeihungen und zu Heilungen befähigt. Je nach Kulturkreis wendet er bei letztgenannten ganz bestimmte, hoch ritualisierte Techniken an, denen jedoch nur sehr wenige diagnostische Grundüberlegungen zugrundeliegen. Wenn also die Krankheitsbestimmung lautet, der Schmerz selbst sei ein Dämon, gilt es als Regel, man müsse ihn dem Kranken austreiben. Zu dem Zwecke wird eine Formel aus mysthischen, häufig unverständlichen Wörtern in vorgeschriebener Weise wiederholt. Sie hat eine magische Macht über das Böse und veranlaßt es, den Körper des Opfers zu verlassen.

Der Medizinmann verkehrt dabei auch schon direkt mit dem Teufel – er schmeichelt ihm, überredet ihn oder schüchtert ihn ein. Zuweilen setzt er gar einen ihm vertrauten und untertanen Geist ein, um den Dämon mit dessen Hilfe zu verjagen. Der böse Geist läßt sich gleichfalls durch symbolische Handlungen besänftigen. In Polynesien heilt man beständige Kopfschmerzen, indem man den Schädel eines verstorbenen Ahnens ausgräbt und von allen Pflanzenwurzeln säubert. Dann wird der Schädel vom neuen bestattet.

Eine andere Variante ist die Überzeugung, daß die Seele von einem übelgesinnten Geist aus dem Körper gestohlen und an ihre Stelle die Krankheit geschickt wurde. Dann sucht der Schamane den Ort auf, wo die Seele festgehalten wird, und bewegt den Wächter des Ortes zu ihrer Rückgabe.

Bei den Grönland-Eskimos z. B. ist es die Göttin des Schicksals, Takánapsâluk. Die Aufgabe des Schamanen besteht darin, ihr einen Besuch in ihrem Haus am Meeresgrund abzustatten. Die Reise beginnt in einem dunklen Raum, inmitten der betroffenen Hausgemeinschaft. Der Medizinmann sitzt verborgen hinter einem Vorhang. Alle Anwesenden halten die Augen solange geschlossen, bis er seine Rückkehr kundgetan hat. Auf dem Hinweg hat der Schamane eine Reihe von Gefahren zu überwinden. Die fürchterlichsten darunter sind die drei rollenden Steine, welche ihn zu zermalmen drohen, und der knurrende Hund auf der Türschwelle des Hauses, der ihm den Einlaß verwehren will. Im Haus selbst angelangt, steht der Schamane Takánapsâluk gegenüber. Ihr Körper ist beschmutzt mit den Missetaten des Kranken. Der Schamane muß sie so lange streicheln und mit sanften Worten ihren Zorn beschwichtigen, bis sie wieder Gnade walten läßt.

Eine sehr häufige Ursache für Erkrankungen und Schmerzen ist schließlich der böse Zauber, wenn ein Geist den Körper des Kranken durch Einbringung von Gegenständen wie Knochen- und Holzsplitter, Kieselsteine oder kleine Insekten verletzte. Hier wendet der Medizinmann das *Aussaugen* an. Der erste Teil der Zeremonie dient zur Bestimmung des wahren Krankheitsherdes. Dafür versetzt sich der Schamane in eine Trance. Nachdem er vom Geist der Krankheit oder vom eigenen Verbündeten erfahren hat, daß die Störung durch einen Fremdkörper verursacht wird, und wo genau der Fremdkörper zu suchen ist, bemüht er sich, den unheilbringenden Gegenstand aus dem Körper zu saugen. Üblicherweise legt er den Mund auf die angezeigte Stelle, doch manche Schamanen benutzen einen hohlen Knochen oder ein Schilfrohr. Die Haut bleibt vollkommen heil, dennoch weist der Medizinmann nach einiger Zeit etwas Blut und die Krankheitsursache vor. Das Blut spuckt er sofort in ein flaches Erdloch neben sich, den Fremdkörper zeigt er den Zuschauern, bevor er ihn ebenfalls in das Loch wirft. Dann wird es zugeschüttet. Von da an übernimmt die Vorstellungskraft des Patienten die Vollendung der Genesung.

Es fällt gewiß nicht schwer, in allen obigen Beispielen starke suggestive Elemente zu entdecken. Der Singsang der Beschwörungsformeln, der Gebrauch von unbekannten Sprachen, die Unterredung mit Geistern und das Vorzeigen von vermeintlichen Fremdkörpern – das alles sind sehr wirkungsvolle psychologische Maßnahmen und Kunstgriffe, mit deren Hilfe der Medizinmann seine Patienten zu beeinflussen weiß.

Ägypten

Die Heilkunst der alten Ägypter vereinte naturwissenschaftliche Erkenntnisse aus der Anatomie, Physiologie und Pharmakologie mit dem Glauben an übersinnliche Kräfte. Arzneimittel wurden meist sehr feierlich verabreicht. Der Priester-Arzt trug dabei ein Beispiel vor, bei dem eine ähnliche Erkrankung durch göttliche Einwirkung geheilt wurde. Bei Schmerzen durch Verbrennungen wußte er zu berichten, wie die Göttin Isis ihrem Sohn Horus half, der sich ähnlich verbrannte.

Eine andere Methode bestand darin, daß der Behandler magische Zeichen niederschrieb und sie sodann im Wein bzw. Bier abgewaschen hatte. Das derart zubereitete Getränk nahm der Patient als Medizin ein.

Die innere Haltung des Heilkundigen im alten Ägypten kommt ganz deutlich im Begleitgesang bei Behandlung körperlicher Leiden zum Ausdruck:

Ich komme aus Heliopolis, wo die Alten im Tempel den Schutz gewähren und die Ewigkeit überwachen; ich komme aus Sais mit der Mutter der Götter. Sie alle gaben mir ihren Schutz. Ich habe Worte bei mir, die der

Allmächtige erschuf, um alle Leiden zu vertreiben, welche von den Göttern oder Göttinnen, von toten Männern oder Frauen und von anderen kommen, Leiden, die in diesem meinem Kopf, in diesem meinem Genick, in diesen meinen Schultern, in diesem meinem Fleisch, in diesen meinen Gliedern sind. Die Worte des Herrn werden die Schuldigen bestrafen, den Anführer jener, die den Verfall dieses meines Fleisches und die Schwäche dieser meiner Glieder bewirken, als wäre etwas in dies mein Fleisch, in diesen meinen Kopf, in diese meine Schultern, in diesen meinen Körper, in diese meine Glieder eingedrungen. Ich bin ein Diener von Rê. Er sagte: »Ich werde ihn von seinen Feinden erlösen, und Toth soll sein Führer sein ...; Toth schenkt dem Kundigen ... die Gabe zu heilen. Wen Gott liebt, den läßt er weiterleben.« Ich bin es, den Gott liebt, und er wird mich weiterleben lassen.

(Wird gesprochen bei Anwendung eines Mittels an einem Körperglied. Hervorragend, in vielen Fällen bewährt!) *

Die Formel stammt aus dem Papyrus Ebers, einer Schriftenrolle aus der Zeit um 1550 vor Christi mit 875 Behandlungsvorschriften. Zusammen mit den Formeln bei Abnehmen von Verbänden und bei Trinken eines Heilmittels eröffnet sie das Werk. Das spricht für die Wichtigkeit dieser Begleitworte, zumal einige Rezepte nach dem bisherigen Stand des Wissens keinen praktischen Wert erkennen lassen.

Eine andere weit verbreitete Form der (suggestiven) Behandlung war auch im alten Ägypten das Austreiben der bösen Geister, der Exorzismus. Dazu eine Geschichte:

Wegen heftiger Kopfschmerzen, die einen Mann namens Psarou peinigen, bestellt seine Gattin schließlich den berühmten Heiler Nibamon ins Haus. Jenem genügt ein Blick auf den Patienten, um die Krankheitsursache zu bestimmen – ein toter Mann komme nachts zu Psarou und verschlinge ihn allmählich. Nach kurzer Überlegung entnimmt Nibamon seinem Reisegepäck einen kleinen Erdklumpen, den er mit einigen

* Papyrus Ebers, eigene Übersetzung (vgl. B. Ebbell: The Papyrus Ebers. 1937, Copenhagen: Levin & Munksgaard)

Grashalmen zu einem flachgedrückten Bällchen verknetet. Dabei rezitiert er mit einer tiefen, dunklen Stimme umfängliche Formeln, welche den bösen Geist davon überzeugen sollen, daß für ihn das sofortige Verlassen des Kranken nur zu ratsam sei. Der Kranke stünde nämlich unter dem besonderen Schutz einer sehr mächtigen Gottheit: »Die magischen Kräfte von Psarou, dem Sohn der Dame Tentoubit, sind die Kräfte von Osiris-Atum, dem Vater aller Götter...« Wenn der Geist weiterhin seinem zerstörerischen Werk nachginge, würde er selbst von seinem bisherigen Opfer Psarou mit all den ihm innewohnenden göttlichen Eigenschaften vernichtet werden, dem Psarou, den er nur deswegen angriff, weil er ihn wehrlos geglaubt hatte. Und da Psarou einer der höchsten Götter ist, derjenige gar, vor dem in Heliopolis nichts verschlossen bleibt, ist er eigentlich eine Verkörperung von Rê (was aber Nibamon niemals gewagt hätte, direkt zu behaupten). Viermal wiederholt Nibamon seine Beschwörungen und dann schiebt er die Tonkugel unter den Kopf des liegenden Mannes. Solange das Amulett auf diesem Platz bleibt, kann der böse Geist keinen Schaden mehr anrichten. *

Der therapeutische Leitfaden ist noch heutzutage aktuell. Die Art und Weise, wie die Zuversicht des Patienten in seine Genesung geweckt und gestärkt wurde, bedeutet schlichtweg eine Aktivierung der Selbstheilungskräfte. Durch ein Zauberwort (= Einstellungsänderung) wurde der Kranke in die Position eines Gottes versetzt (= Verantwortung), und dieser Akt verlieh ihm die Kraft, dem Bösen (= Krankheit) willentlich und wirkungsvoll Widerstand zu leisten. HOLMES umschreibt dieses Ansinnen wie folgt: »Die Macht Gottes liegt in uns wie ein schlafender Riese, der geweckt werden muß, damit er energiegeladen in Aktion treten kann.«

---

* Maspero: Life in ancient Egypt and Assyria, zitiert von S.L. Rogers ohne weitere Angaben (S.L. Rogers: Egyptian psychotherapy. 1947, CIBA Symposia, Bd. 9, S. 622

Griechenland

Das antike Griechenland gilt als die Wiege der westlichen Kultur. Aus Anregungen griechischer Philosophen und Naturforscher entwickelten sich etliche moderne Wissenschaften, darunter die Medizin.

Von den geistigen Heilverfahren wurde hauptsächlich in Tempeln Gebrauch gemacht, die dem Gott Asklepius eingeweiht waren. Im Mittelpunkt stand hier die *Inkubation* oder Traumheilung. Im allgemeinen begab sich der Bittsteller in einen Tempel von Asklepius, um dort die Nacht an einem besonderen Ort, dem Abaton, zu verbringen. Dort offenbarte sich ihm der Gott. Im Schlaf träumte der Patient vom Asklepius, der ihn entweder sofort heilte oder ihm verschiedene Heilmittel und -maßnahmen vorschrieb, welche für Abhilfe sorgten. Ein Zeugnis über die Traumheilung legen Tafelinschriften aus dem Tempel in Epidaurus ab:

- *27. Ein Mann mit Bauchgeschwür. Er hatte eine Vision und dachte, daß der Gott den Sklaven aus seiner Begleitung bedeutete, ihn hochzuheben und festzuhalten, damit der Bauch geöffnet werden kann. Der Mann versuchte zu entkommen, doch seine Sklaven fingen ihn und banden ihn fest. Asklepius schnitt ihn dann auf und befreite ihn von dem Geschwür. Er nähte ihn auch zusammen und löste seine Fesseln. Geradewegs verließ der Mann geheilt den Ort, und der Boden von Abaton war voller Blut.*
- *30. Gorgias aus Heraklion und Eiterung. In einer Schlacht war er vom Pfeil in der Brust getroffen worden, und seit eineinhalb Jahren sonderte er so viel Eiter ab, daß man damit 67 Schüsseln füllen könnte. Im Schlaf hatte er eine Vision. Er dachte, der Gott habe die abgebrochene Pfeilspitze aus seiner Lunge gezogen. Beim Tageseinbruch reiste er mit der Pfeilspitze in der Hand ab.*
- *17. Ein Mann, dessen Zehe eine Schlange heilte. Er litt fürchterlich wegen einer bösartigen Wundstelle in einem Zehen, als ihn die Diener des Tempels zu einem Sitzplatz hinausbrachten. (Dort schlief er ein). Eine Schlange kam aus dem Abaton, heilte seinen Zehen mit der Zunge, und verschwand wieder im Abaton. Als der Patient aufwachte und sah,*

daß er geheilt wurde, sagte er, er habe geträumt, wie ein wunderschöner Knabe eine Salbe auf den Zehen aufgetragen hatte. *

Der Hauptträger der asklepianschen Heilung war mithin die Idee, daß der Gott im Schlaf zum Menschen kommen und ihm helfen werde. Es wird sogar berichtet, daß Asklepius dank seiner liebevollen Güte und der Macht zu heilen die größte Herausforderung für das frühe Christentum bedeutete.

Neben der Glaubensfrage lassen sich noch zwei weitere wesentliche Stützen der Traumheilung bestimmen. Die bereits erwähnten Tafeln mit Inschriften über vollbrachte Heilungen waren im Tempelinneren wie auf dem Außengelände angebracht. So hatte der Kranke genügend Möglichkeiten, viele positive Anregungen zum eigenen Fall zu finden. Die Träume selbst waren auch in Einzelheiten gut verständlich. Sie gaben das Alltagswissen des Patienten über fragliche Behandlungsmethoden wieder und konnten auf diese Weise seine innere Bereitschaft stärken, sich einer bestimmten Therapie zu unterziehen. Ob allerdings rein ärztliche Eingriffe in Tempel ebenfalls durchgeführt wurden, bleibt eine Spekulation.

China

In den bisher beschriebenen vorchristlichen Kulturen waren die Heilkundigen grundsätzlich damit beschäftigt, die bereits eingetretene Krankheit von dem Betroffenen wieder abzuwenden. Im alten China verhielten sich die Dinge offenbar anders. Wir finden darüber eindrucksvolle Auskünfte in dem Huang Ti Nei Ching Su Wên oder Des Gelben Kaisers Klassiker der Inneren Medizin. Die Existenz des Kaisers Huang Ti ist unter den Historikern umstritten – manche ordnen ihn dem legendären Zeitalter der Fünf Herrscher zu (2852–2205 vor Christus), andere verweisen ihn ins Reich der Mythen. Dessen ungeachtet gilt der Klassiker der Inneren Medizin als das älteste medizinische Buch der Welt.

---

* Tafeln aus dem Tempel in Epidaurus, eigene Übersetzung

Der wichtigste Teil des Buches enthält eine Reihe von Gesprächen zwischen Kaiser Huang Ti und seinem Arzt Ch'i Pai. In diesen Dialogen wird in klarer und anschaulicher Weise die ganze Theorie der klassischen chinesischen Medizin vermittelt. Ihr Schlüsselsatz besagt schlicht: Der Mensch wird nur dann krank, wenn er die Gesetze der Natur mißachtet.

In diesem Zusammenhang taucht der Begriff des *Tao* (= der wahre Weg) auf: Da sich das gesamte Universum nach festen Gesetzen in Bewegung hält, kann der Mensch als der am meisten abhängige Teil des Ganzen nichts Besseres tun als den ihm gewiesenen Weg anzunehmen. Andernfalls verstößt er gegen den Geist des Alls, der jedes Ungehorsam ahndet.

Nun stellten sich aber die chinesischen Weisen unter dem Geist kein Hohes Wesen vor, sondern sie fanden eine Erklärung in der unmittelbar erlebten Natur. Demnach gibt es zwei Mächte, die den Weg des Menschen bestimmen – den Himmel und die Erde. Die Erde ist auf den Himmel angewiesen: sind Felder trocken, muß der Regen fallen; geht der Winter zu Ende, muß die Sonne den gefrorenen Boden zum Leben erwecken. Der Himmel ist also durch seine sichtbaren Einwirkungen der oberste Herrscher der Welt. Sein Tao zusammen mit dem Tao der Erde ergibt den Jahresrhythmus der Natur. Und nach diesem Beispiel soll der Mensch das eigene Tao formen.

Nei Ching beschreibt fünf Arten der Behandlung, deren Reihenfolge der zugrundeliegenden Theorie folgt. An erster Stelle steht die Heilung des Geistes; die zweite Methode vermittelt die richtige Ernährung; die dritte lehrt die Wirkungen von Heilmitteln; die vierte erklärt die Akupunktur und den Gebrauch von kleinen und großen Nadeln; die fünfte gibt die Auskunft über das Untersuchen und Behandeln von Eingeweiden und inneren Organen, vom Blut und vom Atem.

Die erste Methode wird im folgenden Gespräch deutlich:

Huang Ti: Ich habe gehört, daß in den alten Zeiten die Menschen über hundert Jahre alt wurden, und sie blieben trotzdem aktiv und leistungsfähig. Doch heutzutage werden die Leute nur halb so alt und dennoch altersschwach und unproduktiv. Ändert sich etwa die Welt von Geschlecht zu Geschlecht? Oder ist die Menschheit nachlässig geworden?

Ch'i Pai: *In den sehr alten Zeiten wurden die Lehren der Weisen von allen befolgt. Jene lehrten, die Willenskraft zu stärken und die Bedürfnisse und Wünsche einzuschränken. Ihr Geist lebte in Harmonie und Gehorsam; sie waren mit allem zufrieden und konnten alles erreichen, was sie begehrten. Sie fühlten sich wohl unter allen Umständen. Die Weisen folgten den Gesetzen der Natur, und ihre Körper blieben deshalb von Krankheiten verschont; sie verloren niemals etwas von dem, was ihnen die Natur geschenkt hatte, und ihr Lebensgeist war niemals erschöpft.*

*Die Weisen wendeten das Tao an. Sie behandelten auch niemanden, der bereits krank war; sie lehrten den, der noch nicht krank war. Sie wollten nicht den anführen, der bereits widerspenstig war; sie leiteten den an, der sich noch nicht den Gesetzen der Natur widersetzte. Heilmittel anzuwenden bei Krankheiten, die bereits ausgebrochen sind, und Rebellionen zu zerschlagen, die bereits ausgebrochen sind, ist wie das Benehmen von dem Menschen, der anfängt einen Brunnen zu graben, nachdem er durstig wurde, oder der seine Waffen schmiedet, nachdem er sich bereits in eine Schlacht gestürzt hat. Kommen diese Handlungen nicht etwa zu spät?**

An einer anderen Stelle wird diese Auffassung noch deutlicher formuliert:

Ch'i Pai: *Der bessere Arzt hilft vor dem ersten Aufkeimen der Krankheit. Der schlechtere Arzt beginnt erst dann zu heilen, wenn sich die Krankheit bereits entwickelte. Und weil er so spät zur Hilfe kommt, nennt man ihn unwissend.*

---

* Huang Ti Nei Ching Su Wên, eigene Übersetzung (vgl. I. Veith [Hrsg.]): The yellow emperor's classic of internal medicine. 1966, Berkeley-Los Angeles: University of California Press)

Von der Bibel bis zum Mittelalter

Jesus

In der christlichen Lehre kommt die Heilung von Krankheiten und die Befreiung von Schmerzen durch die Macht des göttlichen Wortes zuwege, häufig begleitet von einer Handberührung. Alle Taten des Messias wurden in diesem Sinne vollbracht:

> *Als Jesus von dem Berg herabstieg, folgten ihm viele Menschen. Da kam ein Aussätziger, fiel vor ihm nieder und sagte: Herr, wenn du willst, kannst du machen, daß ich rein werde. Jesus streckte die Hand aus, berührte ihn und sagte: Ich will es – werde rein! Im gleichen Augenblick wurde der Aussätzige rein.*
>
> *Als er nach Kafarnaum kam, trat ein Hauptmann an ihn heran und bat ihn: Herr, mein Diener liegt gelähmt zu Hause und hat große Schmerzen. Jesus sagte zu ihm: Ich will kommen und ihn gesund machen. Da antwortete der Hauptmann: Herr, ich bin es nicht wert, daß du mein Haus betrittst; sprich nur ein Wort, dann wird mein Diener gesund . . . Und zum Hauptmann sagte Jesus: Geh! Es soll geschehen, wie du geglaubt hast. Und in derselben Stunde wurde der Diener gesund.* *

Die Methode, von INGLIS als *psychologische Energieübertragung* bezeichnet, gab Jesus an seine Jünger weiter. Sie wiederum lehrten das geistige Heilen ihre Schüler, bis dann im frühen Mittelalter jedem Priester, Mönch und Nonne diese Fähigkeit zugedacht wurde. Die bloße Zugehörigkeit zum geistlichen Stand reichte jedoch offenbar nicht immer aus, um einem

---

* Matthäus: Mt 8, 1–13. Die Bibel (Einheitsübersetzung der Heiligen Schrift). 1980, Aschaffenburg: Pattloch

Erkrankten mit rein geistiger Energie wirkungsvoll Beistand zu leisten. Schon Anfang des 16. Jahrhunderts war es aktenkundig, daß manche Mönche Alkohol einsetzten, um die Schmerzen ihrer Patienten vor und während chirurgischer Eingriffe auszuschalten.

Die königliche Berührung

So wie die Geistheilung eine bedeutsame Machtquelle verkörperte, mußte sie das Augenmerk der weltlichen Herrscher auf sich ziehen. Das französische (13. Jahrhundert) und später das englische Königshaus (14. Jahrhundert) stellten ihre Ansprüche in Form des »göttlichen Rechtes der Könige«. Die königliche Berührung galt als besonders wirksam gegen Skrofulose, einer heutzutage nur noch sehr selten auftretenden Haut- und Lymphknotenerkrankung im Kindesalter. Die Erklärung, warum gerade gegen diese Krankheit, bleibt eine Spekulation. Vielleicht, weil zwischen Skrofulose und Lepra eine gewisse Ähnlichkeit besteht und Lepra, wie man glaubte, nur von einem göttlichen Vertreter zu behandeln war. In Lev. 13: 9 heißt es dazu: *»Wenn sich an jemandem ein Übel von der Art des Aussatzes zeigt, soll man ihn zum Priester bringen.«* Die Behauptung des göttlichen Rechtes erhob also jeden Herrscher automatisch in den geistlichen Rang.

In England wurde unter Henry VII. die königliche Berührung zum offiziellen Teil der kirchlichen Festlichkeiten und blieb es bis zum Jahre 1719. Am 6. Juli 1660 zum Beispiel gab Charles II. folgende Audienz:

Seine Majestät begann, auf die Krankheit die Hand zu legen, und es geschah gemäß dem Brauch – Seine Majestät saß im Wirtshaus unter seinem Zeichen; die Ärzte veranlaßten, daß der Kranke zum Thron gebracht oder geführt wurde, wo er sich auf die Knie fallen ließ; der König strich über sein Gesicht mit beiden Händen gleichzeitig, und dazu sprach ein Kaplan die Worte: »Er legte Seine Hände auf ihn, und Er heilte ihn.« Das wurde jedem einzelnen gesagt. *

---

* J Evelyn: Memoirs (ed. W. Bray). 1971, London: A. Murray

Das Volk muß von der heilenden Macht der Könige sehr überzeugt gewesen sein. Es ist bekannt, daß PHILIP VON VALOIS bei einer einzigen Sitzung 1500 Menschen heilend berührte.

Das Handwerk der Ärzte in jenen Zeiten stand hingegen schwer im Verruf. Im 16. Jahrhundert bemerkte MONTAIGNE, im allgemeinen stellten Ärzte eine Gefahr für ihre Patienten dar.

Placebo

Nach den heutigen Erkenntnissen verdankt die ärztliche Zunft das Überdauern ihres damaligen Unvermögens maßgeblich dem Wirken eines rein psychologischen Phänomens, für das sich der Name *Placebo* einbürgerte.

In der frühen Geschichte der Medizin war die Beziehung zwischen dem Arzt und dem Patienten alles, was der Arzt dem Patienten zu bieten hatte. Die verwendeten Arzneien waren fast immer Placebos. So lehrt uns die Geschichte, daß das Placebo stets die Regel der ärztlichen Bemühungen bedeutet. Nur gelegentlich und in großen Zeitabständen wurden wirklich neuartige, placebofreie Verfahren eingeführt, wie die Heilung von Skorbut (= Scharbock) durch frische Früchte (= Vitamin C).

Die Kunst der Ärzte war damals eine Kunst im Umgang mit Gefühlen. Sie selbst waren das therapeutische Mittel, welches Heilungen bewirkte. Ihre Vorgehensweisen, ob an sich völlig unwirksam oder gar gefährlich, waren Placebos, also Symbolhandlungen, welche den Glauben der Patienten und ihren eigenen Glauben an sich selbst aufrechterhielten. *

Als *Placebo* bezeichnet SHAPIRO (1960) die psychologische, physiologische oder psychophysiologische Wirkung eines Medikaments oder Verfahrens, welches in therapeutischer Absicht verabreicht wurde, wobei aber die Wirkung gänzlich unabhängig oder nur geringfügig abhängig ist von dem tatsächlichen pharmakologischen Effekt des Medikamentes oder von spe-

---

* W. R. Houston: Doctor himself as therapeutic agent. 1938, Annals of Internal Medicine, Bd. 11, S. 1416

zifischen Effekten des Verfahrens; eine Wirkung also, die durch einen psychologischen Mechanismus gesteuert wird.

Drogen

Wie sehr Placebo-Effekte im Spiel waren, beweist ein Blick auf die vier bekanntesten Arzneien, auf die die Mediziner einhellig bis zum 16. Jahrhundert und vereinzelt sogar bis zum 18. Jahrhundert schwörten. Es waren (a) das fabelhafte Horn des Einhornes – zum Erkennen und zum Schutz vor Gift im Wein; (b) der Bezoarstein, der Legende zufolge eine kristallisierte Träne aus dem Auge eines Hirsches, den eine Schlange biß – als universelles Gegengift; (c) der Theriakpuder – gleichfalls als universelles Gegengift; und (d) pulverisierte ägyptische Mumie – die prisenweise zur Wundheilung und überhaupt als ein fast allmächtiges Mittel galt.

Diese Arzneien waren sehr kostspielig, und nur die Reichen konnten sie bezahlen. Dabei handelte es sich um (a) den Stoßzahn eines Elefanten oder Schwertwales; (b) den Gallenstein einer Ziege; (c) eine Mischung aus 37–63 Zutaten, deren Hauptbestandteil Otternfleisch war. Anläßlich mehrerer offizieller Konferenzen beklagte man außerdem Fälschung des Mumien- und Unreinheiten des Einhornpulvers.

Zu weiteren erfolgreichen Heilmitteln zählten das Mattioli (ein Gegengift aus 230 Zutaten, die z. T. monatelang zuzubereiten waren), die Flechte (abgeschabter Moos vom Schädel eines aufgehängten Verbrechers), Krokodilkot und Eunuchenfett. Die medizinischen Anzeigen waren ausgesprochen irrational: Fuchslunge gegen Schwindsucht, weil der Fuchs ein langatmiges Tier ist; Bärenfett gegen Kahlköpfigkeit, weil der Bär einen dichten Haarwuchs hat.

Der Vollständigkeit halber sei noch der Einsatz von Drogen bei der Behandlung von Schmerzen erwähnt. Die gebräuchlichsten Analgetika waren Mandragora, Opium, Haschisch, Bilsenkraut und – im besonderen Maße – Wein. Die alten Rezepte schrieben grundsätzlich vor, Drogensäfte und -pulver im Wein aufgelöst zu verabreichen. Es war eine gute

Vorsichtsmaßnahme, denn damals war es nicht möglich, die Stärke der frisch zubereiteten Pflanzenextrakte genau zu bestimmen. Um also einer tödlichen Überdosis vorzubeugen, verrührte man eine geringe Menge der Droge mit einer wesentlich größeren Menge starken Weins.

Mesmerismus und Chemoanästhesie (Narkose)

Mesmer

Franz Anton MESMER, ein Wiener Arzt, ist der Wegbereiter und Vorläufer einer wissenschaftlich begründeten Suggestivtherapie. In seiner Dissertation »Über den Einfluß der Planeten auf den menschlichen Körper« legte er 1766 den Grundgedanken seiner Lehre wie folgt dar:

> *Ich behauptete, daß das Universum direkt auf all die Systeme einwirkt, welche den Körper belegen, besonders aber auf das Nervensystem, und zwar mittels eines alldurchdringendem Fluidums. Ich bezeichnete diese Wirkungsweise als Intensifikation (Flut) und Remission (Ebbe) der Eigenschaften der Materie und der der organischen Körper. Ich stellte fest, daß wenn der tierische Körper diesem Fluidum ausgesetzt wurde, er eine Art Gezeiten erlebt. Jene Eigenschaft, welche es dem tierischen Körper ermöglicht, auf die Einflüsse himmlischer Körper und der Erde zu reagieren, nannte ich tierischer Magnetismus.* *

Eine Zeitlang benutzte er bei den magnetischen Heilbehandlungen auch Magneteisen, bis er zu dem Schluß kam, daß ein Magnet alleine unfähig sei, auf Nerven einzuwirken. Deshalb verzichtete er fortan auf jedes Hilfsmittel und konzentrierte sich auf die Vervollkommnung der Technik der magnetischen Striche. Hier wird die Heilkraft von dem Mesmeristen auf den Patienten ohne jedes Wort übertragen. Der Patient liegt dabei auf dem Rücken und hält die Augen geschlossen; der Mesmerist sitzt neben ihm. Nun legt der Behandler seine Hände über den Kopfscheitel des Patienten. Der Abstand beträgt 2–3 cm, die Fingerhaltung erinnert an

---

* F. A. Mesmer: Memoire sur la Découverte du Magnétisme Animal. 1779, Paris: Didot

Krallen. Sodann bewegt der Behandler seine Hände langsam, gleichförmig körperabwärts und behält stets den gleichen Abstand. Es kommt also niemals zu einer körperlichen Berührung. Über bestimmten Stellen wie dem Solar Plexus wird die Bewegung für einige Sekunden angehalten. Der Strich endet bei den Füßen, von wo aus die Hände seitlich zurück zum Kopfscheitel geführt werden.

Ein vollständiger Strich dauert 20–30 Sekunden. Für eine Tranceerzeugung braucht man durchschnittlich 20–30 Minuten. Es sind aber Extremfälle bekannt, in denen 2 Minuten reichen bzw. 3 Stunden nötig waren, um einen Trancezustand zu erzeugen. Um die Trance zu beendigen, macht man die Striche in umgekehrter Richtung, bläst die Augenlider des Patienten kräftig an oder besprengt sein Gesicht mit Wasser.

Die therapeutischen Möglichkeiten des tierischen Magnetismus faßte Mesmer 1779 in einer Schrift zusammen. Die Hauptaussagen lauten:

Der tierische Magnetismus kann sofort und unmittelbar Nervenstörungen und andere Leiden heilen; er erhöht die Wirksamkeit von Medikamenten; er beschleunigt und lenkt die heilsamen Krisen (= Abreaktionen) und kontrolliert sie gleichzeitig; er ermöglicht dem Arzt, die Gesundheit jedes einzelnen Menschen festzustellen (... da nur ein kranker Organismus für das magnetische Fluidum empfänglich ist; mit der Gesundheit verschwindet dann die Empfänglichkeit ...) und zu entscheiden über die Ursachen und über die Heilmittel auch bei den kompliziertesten Behandlungen; er bewirkt die Heilung, ohne daß der Patient jemals überbeansprucht wäre.

Magnetisieren bedeutet, die Bewegung des Fluidums auf ein Objekt zu übertragen. Gesundheit ist der Zustand der Harmonie zwischen Bewegung und Ruhe im funktionellen Geschehen. Krankheit ist der Zustand gestörter Harmonie. Die Krise ist die Anstrengung der Natur gegen die Krankheit. (Die Krise äußert sich immer in Konvulsionen, die in Trance bzw. Stupor = kataleptische Starre übergehen.) Therapie besteht darin, die Entwicklung der Harmonie durch Übertragung der kosmischen Fluidumsbewegungen auf den Körper zu fördern und störende Hindernisse aus dem Wege zu räumen. Dadurch erfolgt eine Belebung der

*Reizbarkeit von Muskel- und Nervenfasern, es werden Krisen ausgelöst und somit die Heilung herbeigeführt.**

Ende 1777 mußte MESMER wegen eines Skandals um die angebliche Heilung eines blinden Mädchens Wien verlassen. Sie war damals 18 Jahre alt, und seit ihrem 4. Lebensjahr blind. MESMER behauptete, seiner Patientin mit dem tierischen Magnetismus das Augenlicht zurückgegeben zu haben. Trotzdem hatten die Eltern nach einigen Monaten jede Weiterbehandlung verboten. Von anderen Ärzten untersucht, zeigte sich das Mädchen vollständig blind. MESMER wurde ausgewiesen.

Er ging nach Paris, wo er einen so regen Klientel-Zulauf bekam, daß er in wenigen Jahren eine eigene magnetische Heilanstalt gründen konnte. Die alte, individuelle Technik der magnetischen Striche erweiterte er hier um ein neues Gruppenverfahren: teils aus der Überzeugung heraus, daß der tierische Magnetismus auch von unbeseelten Körpern weitergegeben wird, und um die große Anfrage zu befriedigen. Bei der Gruppenbehandlung wird die Übertragung des tierischen Magnetismus weitgehend von einem Instrument, dem *Baquet*, übernommen. Das Baquet ist eine bedeckte Kufe oder Wanne aus Holz. Im Deckel sind mehrere rechtwinklig gebogene Eisenstäbe eingelassen, die die unsichtbaren magnetischen Heilkräfte zu dem Kranken leiten sollen. Der Patient muß nur das freie Ende eines der Stäbe eine Zeitlang mit der Hand halten oder wenigstens berühren. Bei vielen Patienten reichte diese Behandlung aus.

Anschließend wurden sie in die sogenannten *Krisenzimmer* hinausgetragen, wo sie ihre Krise ohne Verletzungsgefahr ausleben konnten.

Bei anderen mußten MESMER und seine Assistenten zu direkteren Methoden greifen. Dazu gehören die Berührung der erkrankten Körperstellen mit einem Eisenstab, um den tierischen Magnetismus vom Arzt auf den Patienten zu übertragen und das Anstarren mit festem Blick (d.h. Augenfixation, die klassische Technik zur Erzeugung der hypnotischen Trance).

---

* siehe S. 41

Mesmerische Anästhesie

Einer der Nachfolger von MESMER ist Baron DU POTET. 1837 lernte Elliotson, ein bedeutsamer Mediziner und Universitätsprofessor, ihn bei einer Vortragsreise durch England kennen. Für ELLIOTSON war es eine schicksalhafte Begegnung, denn sie führte zum totalen Bruch mit der akademischen Welt und zur Gründung eines mesmerischen Krankenhauses, in dem auch Operationen unter mesmerischer Anästhesie vorgenommen wurden. Wie wenig die medizinische Allgemeinheit bereit war, den Mesmerismus wahrzuhaben, zeigt nachfolgende Begebenheit:

Während in Paris die erste Operation unter mesmerischer Anästhesie bereits 1829 vollzogen wurde, war man in England erst in den 40er Jahren so weit. 1842 wurde dem Patienten J. Wombell ein Bein oberhalb des Knies amputiert, während er mesmerisiert war. Die Reaktion der Standesvertreter der Ärzte reichte von der Beschuldigung des Patienten, er sei ein Schwindler, der seinen Schmerz dem Chirurgen bloß verschwiegen hätte, bis hin zu Vorwürfen, das ganze Operationsteam hätte sich verschworen, um die Fachwelt zu täuschen. In der Presse erschienen sogar fingierte Geständnisse von Wombell, die aber schnell als Betrug entlarvt wurden. Ein damals prominenter Londoner Chirurg, Marshall Hall, begründete seine Unterstellung, der Patient habe geschwindelt, mit der Tatsache, daß sich während der Operation das gesunde Bein nicht rührte. Dies sei »unphysiologisch«.

Kurze Zeit darauf wurde eine mesmerisierte Frau, der ebenfalls ein Bein amputiert worden ist, des Betruges bezichtigt, weil sich während des Eingriffes das gesunde Bein bewegte.

ESDAILE, ein britischer Chirurg, wurde von der Methode soweit überzeugt, daß er ebenfalls daran ging, sie bei Operationen einzusetzen. Er arbeitete als Werksarzt für eine große Handelsgesellschaft in Indien und führte zwischen 1845–1851 über 300 schwere Operationen und zahlreiche kleinere Eingriffe unter mesmerischer Anästhesie durch. Seine Arbeit wurde sogar von einer Kommission des Gouvernements, darunter vier Ärzte, begutachtet und für effektiv befunden.

(Die Unterzeichneten) stellten fest, daß mit Mesmerismus auch bei den schwersten Operationen die vollständige Unempfindlichkeit dem Schmerz gegenüber herbeigeführt wurde, und daß der Einfluß des Mesmerismus auf die Reduktion des Operationsschocks auf jeden Fall günstig ist.

Nach seiner Rückkehr in die Heimat, wo seine indischen Erfolge kaum bekannt waren und am Beweis vor Ort das Interesse fehlte, gab ESDAILE den Mesmerismus enttäuscht auf.

Lachgas

Im historischen Rückblick ist es uns heute leichter zu begreifen, warum in der Mitte des vorigen Jahrhunderts der Mesmerismus (und dadurch die psychologische Schmerzbeeinflussung) aufgegeben wurde. Der Niedergang begann, als im Jahre 1844 der Chemiker COLTON für seinen Lebensunterhalt mit »Chemievorlesungen« durch das Land zog. In Wirklichkeit handelte es sich dabei um Bühnenshows, bei denen zur Belustigung des Publikums unter anderem die Trunkenheit durch *Lachgas* vorgeführt wurde. Einer dieser Veranstaltungen wohnte auch der Zahnarzt WELLS bei. Es fiel ihm auf und verwunderte ihn gleich zutiefst, daß ein junger Mann, der sich nach der Einatmung des Lachgases auf der Bühne sehr hart anstieß, mit keinerlei Schmerzäußerungen reagierte. Das veranlaßte Wells zu einem Selbstversuch. Er ließ sich am nächsten Tag mit COLTONS Unterstützung von einem Kollegen einen Zahn ziehen. Die Anästhesie verlief erfolgreich, Zeugen haben berichtet, Wells sei offenbar bewußtlos und schmerzfrei gewesen. Bei Wiederholung der Lachgasbetäubung mit einem Patienten an der medizinischen Hochschule Harvard kam es jedoch zum Eklat. Wiewohl der Patient nach der Zahnextraktion versicherte, er habe keine Schmerzen gehabt, glaubte ihm das Publikum nicht, weil er während des Eingriffes immer wieder laut aufstöhnte. Nach einigen weiteren Privatversuchen stellte Wells seine Praxis vollständig ein.

Als Nachfolger trat sein Berufskollege MORTON, der die Bestrebungen von Wells gut kannte, in Erscheinung. Anstelle von Lachgas, das bei falschem Mischverhältnis zum Tode des Patienten führen kann, verwendete er Äther. Er experimentierte damit zunächst an Tieren und dann an sich selbst. Die Ergebnisse waren ermutigend. Er fand heraus, daß einer leichten Erregung die Phase regungsloser Bewußtlosigkeit folgt, wobei störende Nebenwirkungen kaum vorkommen. Bei einem Versuch an seinen beiden Assistenten trat aber unerwartet eine starke Vergiftung auf, die er auch am eigenen Leibe nachprüfen konnte. MORTON suchte verzweifelt nach einem Grund für die widersprüchlichen Effekte. Er fand ihn auch, denn des Rätsels Lösung ist simpel: Nur in der chemisch reinen Form eignet sich Äther zum Betäuben. Zufällig hatte er anfangs reinen Äther gehabt, bei der Anwendung an seinen Mitarbeitern aber war der Stoff von minderer Qualität.

1846 kam dann der offizielle Durchbruch. MORTON durfte vor einem Ärztepublikum bei einer Operation assistieren, während der dem Patienten ein Tumor aus dem Nacken entfernt wurde. Den halbstündigen Eingriff führte WARREN durch, ein bekannter Chirurg, der bereits WELLS seine mißlungene Demonstration ermöglichte. Das Glück stand MORTON zur Seite – es war die erste lange Narkose für ihn, und sie verlief ohne Zwischenfälle. Am Ende der Operation machte Warren seinen denkwürdigen Spruch: *»Meine Herren, dies ist kein Humbug!«*

Mit ihm wurde der Siegeszug der Chemoanästhesie eingeleitet. Auch bei der Chemoanästhesie folgten bald ähnliche Zwischenfälle wie vormals beim Mesmerismus. Einer Patientin wurde ein Bein abgenommen. Nach dem Erwachen war sie sogar verwundert, daß schon alles vorbei ist, obwohl Augenzeugen der Operation zum Ende hin lautes Stöhnen und krampfartiges Kopfschütteln vernahmen. Trotz der Parallelität blieb für die große Mehrheit der Ärzte die chemische Anästhesie »echt«, wogegen der Mesmerismus schlicht als »Humbug« abgetan wurde.

Chloroform

Wie ein Lauffeuer erobert die Ätheranästhesie bis 1847 die zivilisierte Welt. Zum selben Zeitpunkt experimentierte der Frauenarzt und Geburtshelfer SIMSON mit Chloroform, den er Gebärenden verabreichte. Insbesondere bei der Kirche stieß er dabei auf Ablehnung:

> *Chloroform ist ein Köder Satans, der scheinbar den Frauen den Segen bringt; doch am Ende wird er das Herz verhärten und den Herrn jener tiefen, innigen Hilfeschreie berauben, die in Zeiten der Not zu ihm hochsteigen.* *

Konkreter ist schon das Argument, Chloroform wirke wie hochprozentiger Alkohol, worauf die Vorstellung aufbaut, die Kinder kommen inmitten eines Trinkgelages zur Welt. Als dann aber 1853 Königin Victoria bei der Geburt ihres siebenten Kindes nach Chloroform verlangte, schwand der Widerstand dahin. Binnen eines Jahres wurde Anästhesie auch bei Geburt zur Alltagserscheinung.

Es fällt nicht schwer sich auszudenken, was für fundamentale Einstellungsänderungen in jenen wenigen Jahren vollzogen wurden. Die Hoffnung, endlich einem der ärgsten Feinde der Menschheit beikommen zu können, mußte einige Gemüter fasziniert haben. Bestechend in ihrer Einfachheit und überzeugend durch den unmittelbaren Erfolg, erlaubte die Narkose, die inneren Quellen der Schmerzkontrolle zu vergessen. Die Menschen haben dadurch gelernt, sich im vollen Vertrauen auf Fremdhilfe hinzugeben. Außerdem kam noch ein Aspekt ins Spiel:

Es ist unstrittig, daß die ganzen Bemühungen um die erfolgreiche Einführung der Ätheranästhesie in Amerika im wesentlichen kommerzieller Natur waren. Der ärztliche Beruf hatte wissenschaftlich wie humanitär dabei versagt, das Problem der operativen Schmerzen zu lösen. Es bedurfte des bedingungslosen Einsatzes des kapitalistischen Unternehmungsgeistes, um der Neuerung zum weltweiten Durchbruch zu verhelfen. Diese Tatsache

---

* H. W. Haggard: Devils, drugs and doctors. 1929, New York: Harper & Bros

*wird oft übersehen, und der interessierte Leser mag daraus ableiten, daß in unserer Zeit die maßgeblichen Einstellungen und die anerkannten Behandlungsverfahren gegen Schmerzen in einem sehr großen Ausmaß durch geschäftliche Interessen bedingt sind. Diese heben (naturgemäß) die pharmakologische Schmerzkontrolle hervor und stellen Alternativverfahren zurück.**

* H. B. Gibson: Pain and its conquest. 1982, London: P. Owen

Abschließende Bemerkung

In diesem Kapitel war es meine Absicht, den psychologischen Gesichtspunkt der Schmerzbehandlung geschichtlich zu begründen. Der kritische Leser mag bemerkt haben, daß ich dabei allerdings viel häufiger ganz allgemein von Krankheit sprach als von (chronischen) Schmerzen. Der Grund ist, daß in der älteren Literatur chronische Schmerzen selten als eigenständiges Phänomen behandelt werden, sie galten als Bestandteil einer besser verständlichen Störung. Unerklärliche Schmerzen dagegen waren kein Gegenstand der Medizin, sie wurden exorzistisch und inquisitorisch beseitigt.

Gegenwärtig bemühen sich immer mehr Experten darum, der Schmerzkunde (Algesiologie) in der Fachwelt eine gebührende Anerkennung zu verschaffen (BAAR, 1984; HILDEBRANDT, 1985). Damit geht einerseits eine Vereinfachung des Sprachgebrauches in der Diagnostik einher, die uns z.B. den Verzicht auf die vermeintlich eindeutige Begriffsreihe »Lumbosakrale Verspannung – Lumbarer Bandscheibenvorfall – Lumbago – Spondylosis – Osteoarthritis – Spinale Stenose – Myofasciales Schmerzsyndrom – Sakroiliakale Verstauchung – Myalgie (lumbalis) – Fibrositis – (Degenerativer) Bandscheibenschaden« zugunsten des Beschreibungsbildes »Chronischer Rückenschmerz« möglich macht (FLOR & TURK, 1984). Andererseits kommt mit der Idee einer Schmerzkunde die therapeutische Realität zur Geltung, wonach chronischen Schmerzen viel eher durch psycho-sozio-physikalische Maßnahmen als durch rein körperliche Eingriffe (Medikation und Operation) beizukommen ist. Was hier in der jüngsten Vergangenheit entwickelt wurde, ist das Thema des nächsten Kapitels.

Anmerkungen

Die vorchristliche Epoche

Die Schätzung der Anfänge von Heilbehandlungen stammt von LANSKY (1982). KEYS (1963) stellt die Mutmaßung in seiner Arbeit über die Geschichte der chirurgischen Anästhesie dar.

Die Beschreibung der schamanischen Praktiken entstand nach den Berichten von ACKERKNECHT (1948), RASMUSSEN (1975) und ROGERS (1947). Weitere Auskünfte auf diesem Gebiet geben u. a. die Bücher von FINDEISEN & GEHRTS (1983), GROSSINGER (1982) und HALIFAX (1985).

Ebers Papyrus (übersetzt von EBBELL, 1937) ist eine 60 Fuß lange Schriftenrolle, die der deutsche Ägyptologe G. M. EBERS 1874 entdeckte. In der Stadt Heliopolis, nordöstlich von Kairo, stand der berühmte Tempel des Sonnengottes Rê. Die Stadt Sais befindet sich im Unterägypten am Rosette-Arm des Nils. Ortsgottheit von Sais war die Kriegsgöttin Neith. Die Religion war im alten Ägypten mehreren Wechseln unterworfen. Am Anfang war der Atum (das All), aus dem die Welt und die Götter entstanden. Der erste Kult war Osiris gewidmet. Osiris war der im Überschwemmungswasser des Nils sterbende und wiederaufstehende Gott, mit dem sich jeder verstorbene König verband. Im Laufe der Zeit wurde die Osiris-Religion von der Religion des Sonnengottes Rê verdrängt, welcher dann seinerseits mit dem Atum verschmolz. Der Sonnenglaube wurde zur Staatsreligion, der Sonnenkönig zum leiblichen Sohn des obersten Gottes. Die Vereinung der Ortsgötter mit Rê erfaßte schließlich auch den Amun, der als Amun-Rê zum allmächtigen Reichsgott und dessen Priesterschaft zum Staat im Staat wurde. Isis war die Schwester und Gemahlin des Osiris, das Sinnbild der Naturkraft und eine der volkstümlichsten Gottheiten Ägyptens. (Alle geographischen und geschichtlichen Angaben nach dtv-Lexikon, 1973). Die Austreibung des bösen Geistes bei Kopfschmerzen findet sich bei ROGERS (1947).

Der Kult von Asklepios setzte im 4. Jahrhundert vor Christus ein und erreichte im 1. Jahrhundert AD seinen Höhepunkt. MACHOVEC (1975, 1979), ROGERS (1947) u. v. a. sind der Auffassung, die Traumheilung sei eine Form Hypnose gewesen: Im

Schlaf seien dem Patienten von Priestern seine Träume und posthypnotische Befehle suggeriert worden; auch seien (nach Anästhesie-Suggestionen) in dem Heilschlaf chirurgische Eingriffe vorgenommen worden, die dann der Patient aufgrund der posthypnotischen Amnesie (Gedächtnislücke) als Visionen gedeutet habe. Dem widersprechen sehr energisch STAM & SPANOS (1982); ihre Darstellung nahm ich hier zur Grundlage. Die Furcht der Christen vor dem Asklepios-Kult ging so weit, daß im 4. Jahrhundert AD Kaiser Theodosius Magie, Aberglauben und abgöttische Praktiken verbot, um die Bewegung zu zerschlagen (MACHOVEC, 1979). Im römischen Reich war der Kult bereits im 3. Jahrhundert vor Christus bekannt. Den Namen Asklepios übersetzten die Römer mit Äskulap. Seine Schlange oder der schlangenumwundene Stab ist noch heute das Zeichen des ärztlichen Standes.

Der chinesische Klassiker Huang Ti Nei Ching Su Wên wurde von VEITH (1966) übertragen und kommentiert. Der Übersichtlichkeit halber sprach ich im Haupttext ausführlich nur vom Tao. Die weiteren wichtigen Konzepte, als Naturkräfte umschrieben, sind (a) Yin und Yang sowie (b) die Theorie der Elemente und die damit zusammenhängende Numerologie mit dem Vorrang der Zahl 5. Gesundheit wird in Nei Ching durch das Verhältnis des Atemrhythmus zum Puls definiert (Pulsdiagnose). Weil der Arzt die eigene Atmung als Norm gebraucht, wenn er den Puls des Patienten mißt, ist seine eigene Gesundheit die unabdingbare Voraussetzung für gute Arbeit. In erster Linie hat der Arzt eine erzieherische Funktion zu erfüllen: Durch Kritik und Korrektur der falschen Lebensweisen soll er seinen Patienten zurück zur Harmonie der kosmischen Elementarkräfte führen.

Hinweisen möchte ich noch auf die altindische Kultur. Bereits im Zeitalter der Veden (geschätzter Beginn 1500–1300 vor Christi, vgl. GONDA, 1975) war dort die Medizin so weit entwickelt, daß man die Praktiker der Heilkunst in Chirurgen [shalya vaidyas], Ärzte [bhisaks] und Zauber- oder Priestärzte [bhisag atharvans] aufteilte (MUTHU, 1931).

Von der Bibel bis zum Mittelalter

Die Wunder Jesu beschrieb MATTHÄUS (Mt 8,1–13). Zur Weitergabe der spirituellen Heilkraft an seine Jünger steht in der Apostelgeschichte geschrieben (Apg 14,3): »Längere Zeit blieben sie dort und predigten freimütig im Vertrauen auf den Herrn; er legte Zeugnis ab für das Wort seiner Gnade, indem er durch die Hände der Apostel Zeichen und Wunder geschehen ließ.« Und bei LUKAS (Lk

9,1) heißt es: »Dann rief Jesus die Zwölf zu sich und gab ihnen die Kraft und die Vollmacht, alle Dämonen auszutreiben und die Kranken gesund zu machen.«

INGLIS (1977) ist der Auffassung, die Erfolge der christlichen Heiler beruhten auf positiver Umwandlung der eigenen Einstellung: Für jeden, der daran glaubte, in seiner Krankheit komme der Zorn Gottes zum Ausdruck, muß die (unerhörte) Botschaft der Sündenvergebung einen heilsamen Schock, einen inneren Energiestoß ausgelöst haben. Über die Verbreitung der Annahme, jedes Mitglied der Kirche könne geistig heilen, und über den ersatzweisen Einsatz von Alkohol berichtet KEYS (1963). GIBSON (1982) allerdings widerspricht aufs entschiedenste allen Darstellungen, wonach die katholische Kirche an Schmerzheilung besonders interessiert gewesen sei. Im Gegenteil: Durch einseitige Deutungen der Bibel sei man dort zu der Überzeugung gekommen, daß Schmerzen die Bestrafung für frühere Sünden bedeuten und daher (aus erzieherischen Gründen) unerläßlich sind. Der Fall des berühmten Arztes PARACELSUS, der im 16. Jahrhundert aus Angst vor der Inquisition seine (Wieder)Entdeckung der betäubenden Wirkung von Äther der Menschheit vorenthielt, bezeuge dies nachdrücklich. (Die eigentliche Entdeckung von Äther, damals »süßer Vitriol« genannt, schreibt KEYS [1963] einem bekannten spanischen Alchemisten im 13. Jahrhundert zu).

In Frankreich ist es LOUIS IX (1226–1270) und in England EDWARD III. (1327–1377), die als die Begründer der Tradition der königlichen Berührung angesehen werden (KEYS, 1963). Die Vermutung über den Grund der besonderen Heilerfolge gerade bei Skrofulose stellt MARKS (1947) auf. Die Auskunft über Skrofulose selbst stammt aus PSCHYREMBEL (1982). Die Audienz bei CHARLES II. schildert EVELYN, ein Zeitgenosse und Mitglied des Hofes (Nachdruck 1871). LUDWIG (1964) zitiert die königlichen Worte bei der Zeremonie anders: »Ich berühre, doch Gott heilt.« Als zusätzliche Motivation für die Teilnahme an königlichen Berührungen wirkte sicher die später eingeführte Verteilung von Goldmünzen, welche die Heilkraft des Königs aufgenommen haben sollten (LUDWIG, 1964 und MARKS, 1947).

Das Material über das Placebo-Phänomen entstammt weitgehend SHAPIROS (1960) hervorragender Sammelarbeit. Er erklärt darin auch den etymologischen Ursprung des Begriffes: »placebo« heißt auf lateinisch »ich werde gefallen«. Als weitere Stützen zog ich EVANS (1975) und GIBSON (1982) zu Rate. Das Zitat über die psychologische Wirkungsweise der Mediziner ist von HOUSTON (1938). FISH (1973) geht gar so weit, daß er die Einzelschritte für gezielte, bewußte Placebo-Therapie vorschlägt.

Die heutige schulmedizinische Realität dagegen ist geradezu von einer Verdrängung gegenüber dem Placebo-Effekt gezeichnet, die EVANS (1975) wie folgt beschreibt:

Obwohl das Placebo in der Medizin so üblich ist, erregt es oft den Unmut der Ärzte. Sie betrachten es als Störfaktor, der eliminiert gehört. Wenn Kritiker eine neue Droge testen, beobachten sie bei ihren Versuchspersonen sehr aufmerksam die erwarteten und die bis dahin unerwarteten Nebenwirkungen. Die Versuchspersonen berichten oft von den verschiedensten übertriebenen Effekten, die nicht auf die echte Wirkung der Droge zurückzuführen sind, sondern auf die spezielle Situation, in der sie sich befinden. Um diese Probleme zu bewältigen, geben die Kliniker der Hälfte der Versuchspersonen ein Placebo, das genauso aussieht wie die richtige Droge. Dies geschieht in einem Doppel-Blind-Versuch. Die Beobachter wissen nicht, welche Patienten die neue Droge erhalten haben, und die Patienten wissen nicht, daß einigen von ihnen ein Placebo verabreicht wurde. So egalisieren die Versuchsleiter alle nicht-spezifischen Faktoren (z. B. erhöhte Aufmerksamkeit, den Wunsch den Arzt zu erfreuen, usw.) in dem Experiment.

Der einzige Unterschied zwischen den beiden Gruppen liegt in der Einnahme bzw. Nichteinnahme der aktiven Droge. Wenn z. B. eine schmerzstillende Droge getestet wird, berichten einige Leute aus der Placebogruppe, daß ihre Schmerzen erheblich nachgelassen haben. Wenn etwa gleich starke Schmerzlinderung durch die Droge und durch das Placebo erreicht wird, schätzen die Versuchsleiter die Wirkung der neuen Droge als unklar oder fraglich ein.

Bei der Auswertung verschiedener Doppel-Blind-Versuche mit Morphium und einem Placebo habe ich festgestellt, daß ein Placebo 56 % der Wirksamkeit von Morphium besitzt... Die Wirksamkeit des Placebos ist direkt proportional zu der offensichtlichen Wirksamkeit des aktiven Analgetikums, von dem Arzt und Patient glauben, daß sie es anwenden. Wenn der Arzt glaubt, daß er einen starken Schmerztöter benutzt, gibt es eine starke Wirkung. Wenn der Arzt jedoch annimmt, daß das Analgetikum schwach ist, gibt es eine viel schwächere Placebo-Wirkung – es bleibt dabei proportional immer noch halb so wirksam wie die eigentliche Droge.

In der Pharmaindustie scheint man neuerdings gerade mit Placebo eine günstige Erklärung für ungünstige Nebenwirkungen verschiedenster Arzneimittel gefunden zu haben. Unter der Überschrift »Nebenwirkungen aus dem Nichts« sagt CRAMER (1985) in einer Informationsschrift des Bundesverbandes der Pharmaindustrie e. V.:

Auch Placebos haben Nebenwirkungen. Im Durchschnitt treten bei 10 bis 20 % der mit Placebo behandelten Patienten Nebenwirkungen auf, in Einzelfällen bis zu 61 %.

Typische Befindensstörungen bei der Verwendung von Placebos sind Übelkeit, Kopfschmerzen, Verstopfung, Durchfall, Mundtrockenheit, Hautveränderungen und Kreislaufstörungen bis hin zu schwerem Kreislaufkollaps. Offensichtlich handelt es sich um psychische Reaktionen, welche durch die Angst vieler Menschen vor Nebenwirkungen hervorgerufen werden. Häufig sind es alltägliche Befindensstörungen, die normalerweise klaglos ertragen, unter den Bedingungen einer Arzneimittelprüfung jedoch dem Arzneimittel oder Placebo zugeschrieben werden. Ein nicht unerheblicher Teil von gemeldeten Nebenwirkungen wirksamer Arzneimittel dürfte daher tatsächlich nicht diesen Medikamenten, sondern der Nebenwirkungserwartung der Patienten anzulasten sein. Dies zu quantifizieren, dürfte jedoch schwierig sein.

Interessanterweise führt Wein mit einem Gehalt von etwa 20 % Alkohol zu schnellerer Intoxikation als Spirituosen mit 40–50 %. Im Zusammenhang mit der Schmerzbetäubung schätzt man die Abnahme der Schmerzempfindlichkeit auf bis zu 40 %, wobei die Wirkung selbst in Angstreduktion bei gleichzeitiger Zunahme der inneren Gelassenheit und Entspannung besteht. So ist es kein Wunder, daß chronisch Schmerzkranke nicht selten zu Alkoholikern wurden. (Alle Angaben nach GIBSON, 1982).

Mesmerismus und Chemoanästhesie

Die Darstellung Mesmerscher Lehre entnahm ich meiner Dissertation (SVOBODA, 1979). Seine Originalwerke finden sich als Nachdruck bei TINTEROW (1970). Ein vorzügliches Buch über MESMER schrieb BURANELLI (1976), eine kurze deutschsprachige Würdigung BONGARTZ (1985). HILGARD (1980) faßt die Bedeutung von MESMER für die Suggestivtherapie mit den Worten zusammen, er sei eher der erste der modernen als der letzte der alten Forscher.

Den erfolgreichen Einstand von Mesmer in Frankreich erläutert aus der historischen Sicht CHERTOK (1973). Die Lehre selbst wurde bereits 1784 von zwei königlichen Kommissionen grundsätzlich verworfen. Dennoch übte sie auch einen gewissen politischen Reiz aus – 1785 gründen einige Anhänger einen eigenen Verein, der die Idee nicht mehr individuell sondern gesellschaftlich anwenden will: Um im Einklang mit der Natur (also gemäß den Gesetzen des tierischen Magnetismus) leben zu können, müssen alle unnatürlichen Institutionen einschließlich der Monarchie beseitigt werden (DARNTON, 1983).

Das Eigenschaftswort »tierisch« wählte MESMER, um den Unterschied zu dem gegenteiligen, dem »mineralen« Magnetismus deutlich zu machen. Die Methode der magnetischen Streichungen wird heutzutage nur noch selten referiert (PULOS, 1980; ferner HALLAJI, 1962, SCHIEGL, 1983, und WEITZENHOFFER, 1957).

Die Wirkungsweise von ELLIOTSON und von ESDAILE schildere ich ausführlich in meiner Dissertation, unter Bezugnahme vor allem auf PALFREMAN (1977), QUEN (1976), TINTEROW (1970) und The Dictionary of National Biography (1889). Zur Arbeit von ESDAILE nachfolgend zwei wichtige Ergänzungen: (a) Er unternahm insgesamt mehr als 3000 Operationen unter mesmerischer Anästhesie, wobei die postoperative Sterblichkeitsrate von 50 % auf 5 % herabsank. (b) Nach den ersten Erfolgen setzte er Assistenten ein, deren einzige Aufgabe in vorbereitendem Mesmerisieren bestand. Neben der anfänglichen Dauer von bis zu 3 Stunden erwies es sich nämlich als notwendig, viele der Patienten 10–12 Tage hintereinander zu mesmerisieren, bevor die eigentlichen chirurgischen Maßnahmen durchzuführen waren.

Die Schilderung der Vorgänge um die Einführung der chemischen Anästhesie entstand in enger Anlehnung an GIBSON (1982), dessen Worte auch das Schlußzitat bilden. Dem Gesamtkomplex seien hier einige weitere wissenswerte historische Tatsachen hinzugefügt:

(a) Die Ärzte selbst hatten nicht den Mut, Forschungen bezüglich der Chemoanästhesie voranzutreiben – teils aus Konservatismus, teils aus Angst vor einem möglichen Renomeeverlust. Es waren zwei Zahnärzte, die den Grundstein dafür legten.

(b) Der Kongreß der Vereinigten Staaten hatte beschlossen $ 100000 als Preis an denjenigen zu vergeben, der ein wirksames Mittel gegen den Schmerz finden wird. Der Preis wurde jedoch wieder gestrichen, nachdem mit MORTON gleich mehrere geistige Urheber ihre Rechte geltend machten.

(c) Einer dieser Urheber war JACKSON, ein versierter Arzt und Chemiker. MORTON war seinerzeit bei ihm beschäftigt. JACKSON beriet sowohl WELLS (den MORTON bei ihm einführte) in Sachen Lachgas wie später MORTON bezüglich des Reinheitsgrades von Äther. Bei dem Streit um die Preisvergabe meldete JACKSON an, MORTON habe lediglich in seinem Auftrage experimentiert.

(d) MORTON war sehr bestrebt, seine Erfindung geheimzuhalten, um damit ein großes Geschäft zu machen. Da Äther frei käuflich war, ließ sie sich jedoch nicht patentieren. Deshalb mische er verschiedene aromatische Stoffe bei und maskierte damit den typischen Äthergeruch. Der medizinische Stand sah darin eine grobe Verletzung der beruflichen Ethik und drohte ihm vor der zweiten Operation den sofortigen Ausschluß von allen künftigen Behandlungen an. Erst dann gab MORTON sein Geheimnis preis und behielt dafür die Assistentenstelle für Anästhesie bei WARREN.

Kapitel 3

Psychologische Schmerzbehandlung

Vorbemerkung

Bei der psychologischen Behandlung chronischer Schmerzzustände liegt der Schwerpunkt nicht auf der Beseitigung des Schmerzprozesses an sich: sondern auf einer *Linderung des Leidens* (vgl. Kap. 1). Die Vorzüge dieser Vorgehensweise sind enorm: Weisen die typischen schulmedizinischen Verfahren gewisse Standardgefahren wie Drogenabhängigkeit oder Operationsrisiken auf, trifft für die psychologischen Methoden derartiges nicht zu. Ein weiterer Vorteil ist das problemlose Einstellen der Behandlung bei ausbleibendem Erfolg bzw. das Umstellen und Wiederholen bei einem Teilerfolg.

Im folgenden will ich die Wege der Psychoanalyse und der Verhaltenstherapie beschreiben, bevor wir uns ausführlich mit den m. E. richtungsweisenden und für die Selbsthilfe einzig geeigneten Suggestivverfahren befassen.

Psychoanalyse

Die erste wissenschaftlich begründete psychotherapeutische Richtung, die sich des Themas chronische Schmerzen annahm, war die Psychoanalyse. Dies geschah in den 1950er und 1960er. Theoretisch bezogen sich die Therapeuten auf FREUDS Sichtweise der Schmerzen als eine *Konversionsneurose,* wobei angenommen wurde, daß ungelöste innere Konflikte im Körperlichen zum Ausdruck gebracht werden. Heutzutage gebraucht man hier häufig auch den Begriff *Organsprache.* Die Konversionsneurose selbst resultiert aus einem Kompromiß zwischen der Erfüllung eines »verbotenen« Wunsches und seiner Bestrafung. So kann der Schiefhals (Tortikollis) unter anderem als das körperliche Sichtbarwerden der inneren Auflehnung gegen einen Elternteil verstanden werden, die der Patient zugleich zutiefst begehrt und als Todessünde verabscheut. Durch die Krankheit braucht er dann »den Dingen nicht mehr ins Auge sehen«. Chronische Schmerzen wären demnach nichts anderes als die Manifestation ungelöster psychischer Schmerzen.

Verhaltenstherapie (Behaviorismus)

Erlernen von Reaktionen (Konditionierung)

Seit den 1970er setzen sich in der psychologischen Schmerzbehandlung immer stärker Methoden durch, die verhaltensorientiert sind. Steht in der Psychoanalyse die Aufdeckung verdrängter Erlebnisse und unbewußter Konflikte im Vordergrund (= das rein subjektive So-Sein), bemühte man sich mit der Verhaltenstherapie ursprünglich um das Erfassen von ausschließlich beobachtbaren und meßbaren Gesetzmäßigkeiten im gestörten Verhalten (= das objektive Da-Sein).

Dies führte in den Anfängen der Verhaltenstherapie zu der Extrembehauptung, man brauche über die Innenwelt überhaupt nichts zu wissen und könne dennoch wirkungsvoll und nachhaltig die Lebensweise eines Menschen verändern. Das Mittel zum Zweck benannte man *Konditionierung.* Bald lernte man, zwischen zwei Arten der Konditionierung zu unterscheiden: die *respondente K.,* bei der angeborene oder natürliche Reize ohne jedes Lernen eine reflexartige Reaktion auslösen, wie ein unerwarteter lauter Knall, der einen Schrecken verursacht; und die *operante K.* oder das Lernen am Erfolg, wo die positiven Auswirkungen eines Verhaltens eben dieses Verhalten festigen, während ein anderes Verhalten durch seine ungünstigen Folgen gelöscht wird. Operant d.h. durch Belohnung oder Bestrafung werden die allermeisten Verhaltens- und Erlebensweisen eines Menschen gelernt.

Dementsprechend einfach geriet der verhaltenstherapeutische Ansatz für eine Schmerzbehandlung. Die Fragen, die hierbei auf Antworten warten, sind: Was sind die Merkmale des Schmerzes? Was hält das Schmerzverhalten aufrecht? Welches sind die reflexgleichen, *respondenten* Reaktionen, die durch eine organische Schmerzquelle hervorgerufen werden? – Und welches ist das *operante* Schmerzverhalten, das durch umweltbedingte Verstärkungsmechanismen aufrechterhalten wird (wie Bettlägrigkeit, Aufmerksamkeit der Umwelt, Behindertenrente usw.)? Der moderne Behaviorist geht davon aus, daß das Schmerzverhalten eines bestimmten Patienten hauptsächlich durch die zuletzt erwähnten Verstärkungsmechanismen (d. h. Belohnungen) bestehen bleibt. Deshalb versucht der Behaviorist, solche Verstärker unter Kontrolle zu bringen und ihr Auftreten von gesundheitsfördernden Verhaltensweisen abhängig zu machen.

Schmerzen als Folge sozialer Einflüsse

Aus solchen Überlegungen entstand das Konzept des *operanten Schmerzmanagements* von FORDYCE.

Darin geht man davon aus, daß der chronische Schmerz nicht hauptsächlich auf eine Verletzung zurückzuführen ist. Man betrachtet ihn vielmehr als eine Folge sozialer Einflüsse. In der Therapie kommt es dann darauf an, jede Verstärkung für schmerztypisches Verhalten (wie Stöhnen und Schonhaltung) zu beseitigen, und statt dessen die Zunahme körperlicher Aktivitäten zu fördern. Ein weiteres Ziel ist die schrittweise Entwöhnung von Medikamenten.

Man achtet also besonders darauf, daß jedes schmerzunvereinbare Verhalten – sei es normale Unterhaltung oder Selbstentspannung – sozial verstärkt wird, wozu die Ehepartner möglichst miteinbezogen werden. Man bringt ihnen bei, wie sie nun konkret auf die richtige Verhaltensformung bei dem Patienten einwirken können, indem sie z. B. jede Schmerzäußerung »überhören«, den Wunsch nach einem kurzen Spaziergang dagegen sofort tatkräftig unterstützen (= Kontingenzmanagement).

Eine wichtige Rolle kommt hier verständlicherweise der Bewegungstherapie zu. Sie wird individuell abgestimmt. Als eine Besonderheit ist die Tagebuchführung zu vermerken, mit der der Patient zwei Wochen vor der Therapie beginnen muß. Er macht darin präzise Angaben über die Zeiten, die er nicht im Bett verbringt, und über die Einnahme von Medikamenten.

In der Therapie nutzt man die Aufzeichnungen, um unter anderem den Zeitplan der Medikation in vertretbarem Maße zu verändern. Alle bei dem gegebenen Krankheitsbild angezeigten Arzneien vermengt man zu einem Schmerzcocktail, den der Patient nur noch zu festgelegten Zeiten bekommt. Im Laufe der Therapie werden die Wirkstoffe in der Dosis allmählich heruntergesetzt, um den Patienten ohne Entzugssymptome aus der Gewöhnung herauszuführen.

Neben der größterreichbaren Medikamentenfreiheit strebt der Behaviorist auch in diesem Punkte eine bedeutsame Verhaltensänderung an – nämlich das Aufbrechen der Gewohnheit vieler Patienten, mit der Einnahme der schmerzstillenden Mittel eben die Stärke der Schmerzen zu »beweisen«.

Schmerzspiele

Ein anderes bekanntes operantes Konditionierungsprogramm stellte Sternbach auf. Er gab ihm den Namen *Schmerzspiele*. Was hier mit »Spiel« gemeint ist, bedeutet allerdings eine bitterernste Angelegenheit: »Jedes Spiel ist grundsätzlich unehrlich und endet mit einem Konflikt.«

Schmerzspiele sind demnach Verhaltensweisen, die es dem Patienten erlauben, seine Mitmenschen zu manipulieren. In einem besonders beliebten Schmerzspiel vermittelt der Patient dem Behandelnden folgende Botschaft: »Ich bin hier, weil ich krank bin. Du mußt mich heilen, weil Du ein Doktor bist. Das kannst Du aber nicht, weil ich ein sehr komplizierter Fall bin.«

Weil nun der Therapeut von grundsätzlicher Verlogenheit des Patienten überzeugt ist, übt er von Beginn an massiven Gegendruck aus. Der Patient muß sich beispielsweise schriftlich zu strikter Befolgung der therapeutischen Anordnungen verpflichten; bei Verstößen sind negative Konsequenzen vereinbart. Zu der Therapie gehören schwerpunktmäßig Gruppendiskussionen zur Aufdeckung der persönlichen Schmerzspiele, soziale Verstärkung für gesundheitsorientiertes Verhalten, Bewegungsübungen und Aufklärung von Familienmitgliedern über die »Spielregeln«. Der

Klinikaufenthalt wird mit einer kleinen Abschlußfeier beendet, bei der die Fortschritte der einzelnen Patienten in aller Öffentlichkeit kundgetan und schriftlich bescheinigt werden. Davon verspricht man sich eine zusätzliche Bekräftigung der Durchhaltemotivation.

Kontrolle des Unterbewußten (Biofeedback)

Durch Einbeziehung elektronischer Apparatur in das Modell der operanten Schmerzkontrolle ergab sich noch eine dritte Variante dieser verhaltenstherapeutischen Behandlungsart, das *Biofeedback*. Darunter versteht man die sofortige instrumentelle Rückmeldung über ansonsten nicht bewußte biologische Körperfunktionen, welche der Patient damit willentlich zu steuern lernt. Die physiologischen Signale werden vorwiegend optisch (z. B. eine bunte Lichtdiodenreihe) oder akustisch (z. B. ein in der Höhe veränderlicher Ton) umgesetzt. Das Grundschema der Biofeedbackbehandlung sieht vor, daß der Patient in einer Reihe von Übungsdurchgängen herausfindet, wie er das Licht/den Ton durch rein willentliche Anstrengung beeinflussen kann. Dabei unterstellt man dreierlei:

1. Der Schmerz hat physiologische Anteile, die bekannt und dem Willen zugänglich sind.
2. Körperreaktionen können kontrolliert werden, in dem sie willentlich herbeigeführt werden.
3. Die Kontrolle von Körperreaktionen kann mit Hilfe von Biofeedback soweit trainiert werden, daß der Patient in der Lage ist auch ohne das Gerät bzw. außerhalb der Klinik sie zu behalten.

Die am häufigsten einem Biofeedbacktraining unterzogenen Körperfunktionen sind die Muskelaktivität (EMG), der Hautwiderstand (PGR), die Hauttemperatur oder Durchblutung, die Atmung, der Herzrhythmus und der Blutdruck, und die Alpha-Frequenz der Hirnstromwellen (EEG). Dazu ein Beispiel:

Patienten mit Spannungskopfschmerzen wurden Oberflächenelektroden an die Stirn angebracht, die das EMG des Frontalismuskels registrierten und mittels eines Tones zurückmeldeten. Die Höhe des Tones nahm mit zunehmender Muskelentspannung ab. Die Patienten wurden angewiesen, den Ton so tief wie möglich zu halten. Sie bekamen aber keine Auskunft darüber, wie sie dies bewerkstelligen sollten.

Das Erlernen der bewußten Kontrolle über die sogenannten autonomen Vorgänge erfolgt stets in zwei Schritten: Zunächst erfährt der Patient, wie das maßgebliche physiologische Ereignis wahrgenommen wird. Seine Aufmerksamkeit wird hier durch das Gerät nach innen gelenkt, und es gelingt ihm früher oder später körperlich zu »wissen«, wie die Störung beschaffen »ist«. Nachdem er den Ist-Zustand erfaßte, setzt er seine ganze Willens- und Vorstellungskraft so ein, daß ihm das Gerät eine positive Veränderung der gemessenen körperlichen Funktion zurückmeldet.

Im obigen Beispiel konnte das Schmerzereignis durchwegs das Gefühl sein, der Kopf sei in einem Schraubstock eingespannt. Als Lösung böte sich an, den Schraubstock im Geiste vollständig zu öffnen oder zu sprengen; oder eine angenehme Urlaubserinnerung bewußt aufkommen zu lassen; oder in der Phantasie den Ton des Gerätes immer tiefer brummen zu lassen; oder dem eigenen Atem zu folgen; und vieles mehr.

Mit Schmerzen trainieren

Damit sind wir gleichzeitig an einem Punkt angelangt, an dem das verhaltenstherapeutische Konzept der ausschließlichen Fremdsteuerbarkeit seine Aussagekraft einbüßt. Dem war eigentlich schon bei Fordyce und bei Sternbach so, denn das Denken und das Empfinden des Patienten spielt auch in ihren Programmen eine entscheidende Rolle. In der Theorie blieb jedoch diese subjektive Komponente möglichst unauffälig, weil für sie in dem operanten Konditionierungsmodell kein Platz vorgesehen war. Erst die neueren Biofeedbackprogramme und – vor allem – die Selbstregulationsprogramme wie das *Schmerzimpfungstraining* von Turk bauen ausdrücklich auf dem Erkennen und Verändern negativer Denkformen (Kognitionen).

Dementsprechend steht im Mittelpunkt der kognitiv-behavioralen Schmerzbehandlung die Bemühung, durch schmerzmißachtende Denk-

und Handlungsweisen die typischen Gefühle der Hilfs- und Hoffnungslosigkeit beim Patienten abzubauen und ihm eine persönliche Kontrolle über das Schmerzerlebnis zu vermitteln. Das Training ist in drei Phasen aufgeteilt:

(1) Erzieherische Phase

Besprechung der individuellen Schmerzsituation und Diskussion einer möglichen Eingangskontrolle

(2) Übungsphase

Erarbeitung und Einübung individueller Schmerzbewältigungsstrategien

(3) Praxis

Die Anwendung der Trainingsergebnisse im Alltag

Das Kernstück der Behandlung, eine schmerzbewältigende innere Selbstinstruktion, dürfte im Alltagsgebrauch auf folgende Weise ablaufen:

Ach Gott, jetzt geht's wieder los, die Schmerzen wachsen wieder. Nur keine Panik – oh, hat's der Therapeut leicht zu sagen, der hat doch keine Ahnung – also komm, fang' nicht wieder an, das macht's nur schlimmer, überlege doch: Was hast du gelernt? Was hast du echt gut gefunden? ... Ah ja, zurück zum Beginn, wie stark sind die Biester jetzt, denk' nicht lange nach, spontan zwischen Null und Hundert, also ... 30 – GENAU, 30 Prozent, oh, das ist doch gar nicht sooo wild, das ist ja direkt eine Erholung, ha, haa, Spaß beiseite, DIE geben sich damit sicher nicht zufrieden, so wie du sie kennst und wenn du sie einfach machen läßt, also LOS MACHE WAS DAGEGEN ... Hmm, wie war es wieder? – das BILD, jaah, die Vorstellung, daß ich auf dem Seestrand ganz alleine spazieren gehe und die Sonne ins Meer eintaucht und es ganz dunkel wird und ich mich auf und davon tragen lasse, das war wirklich gut, ohne den Körper und ohne diese verdammten Schmerzen ... – Mensch, 50 Prozent, jetzt wird's heiter, wo ist dein Bild, Meermeermeer ... es will nicht! Und in der Gruppe hat's so toll geklappt ... wie ist das nur möglich? HÖR AUF, damit kommst du nicht weiter, ist das Meer jetzt zu holen oder nicht? VERSUCHE es ... (Pause)

... Nein, das läuft nicht, hat das überhaupt noch Zweck? Warum quälst du dich ab? Der Geist ist willig, das Fleisch ist schwach, die Pille hilft auf jeden Fall, das hier muß erst geübt werden, 70 Prozent, jetzt geht der Zug ab, du mußt ... (Tiefer Atemzug)

... DA, DAS IST'S DOCH – DER ATEM! Wie konntest du ihn bloß vergessen?! – Laß es sein, der nächste Atemzug, schön langsam EIN ... kühl und leicht ... und AUS ... ruhig und frei ... und EIN ... (und so fort)

(nach 15 Minuten) ... guuut, du bist gut, du hast es gleich geschafft, denke weiter an den Atem ... großartig, die können dich nicht mehr fertigkriegen, welche Zahl überhaupt – hej, 20 Prozent, und den Rest machst du vielleicht auch weg ...

(nach 5 Minuten) ... Null – hast du gut gemacht. Und das nächste Mal wird es noch besser klappen, weil du jetzt weißt, was DIR am besten hilft ... Jetzt mach' mal Schluß. (Augen auf).

Der Patient zwingt sich also bewußt dazu, an die Selbstbeherrschung der Schmerzen so stark zu glauben, bis in der Tat eine Wirkung eintritt. In der Fachliteratur benutzt man für diesen Vorgang den Begriff »Selbstinstruktion«. Ich kann das Vorgehen jedoch genausogut als eine »Autosuggestion« bezeichnen. Und das, was die Kognitiven Behavioristen mit »Fokussierung der Aufmerksamkeit« umschreiben, kann ich ebenfalls sehr wohl mit einem anderen, gleichwertigen Begriff ersetzen. Nennen wir es doch einfach

Hypnose

Was ist Hypnose?

Darunter versteht die moderne Psychologie einen veränderten Bewußtseinszustand, in dem körperlich-geistige Aufhebung der Alltagsbegrenzungen (der sogenannten Wirklichkeit) im unterschiedlichen Ausmaße auftritt. Es passieren also Dinge, die mit dem »normalen Verstand« nicht zu fassen sind. Die Veränderung mag nur wenig spektakulär sein, wie das unwillkürliche Hochsteigen eines Armes im Zeitlupentempo ohne jegliche Anstrengung (Armlevitation), oder sie kann regelrecht umwerfend sein, wie die Tatsache der suggestiv kontrollierten Blutstillung bei Hämophilie (Bluterkrankheit). Als Grundprinzip gilt, daß die Aufmerksamkeit in der hypnotischen Trance gewissermaßen verdichtet und auf einige wenige innere Vorgänge konzentriert wird, die dann um so intensiver erlebt werden. Es drängt sich da ein Vergleich mit einer Taschenlampe auf: Wenn ich den Lichtkegel öffne (= Alltagsbewußtsein), sehe ich viele Dinge gleichzeitig; das Licht reicht aber nicht weit, und es sind kaum Einzelheiten zu erkennen. Wenn ich das Licht zu einem Strahl bündele (= hypnotische Trance), sehe ich nur sehr wenige Gegenstände; diese aber gestochen scharf, und auch noch wenn sie ziemlich weit entfernt sind. In diesem Zustand der *fokussierten Aufmerksamkeit* sind die ausgewählten, änderungsbedürftigen Ereignisse einer Umwandlung besser zugänglich als im normalen Bewußtseinszustand.

WICHTIG: Die Neu-Erfahrung ist nur insofern von dem Therapeuten abhängig, als jener dem Patienten neue Denkanstöße gibt. Es ist aber ausschließlich der Patient, der Entscheidungen trifft, weil jede Hypnose im Grunde genommen eine Selbsthypnose ist.

Der Weg in die Trance

Für die Herbeiführung und Vertiefung der Trance sind viele Techniken bekannt. Die meisten Verfahren beginnen mit der Aufforderung, den Blick auf einen nahen Punkt zu richten. Dann bekommt die zu hypnotisierende Person wiederholt suggeriert, die Augen fühlten sich durch das ständige Hinsehen so müde, daß sie sich spätestens in einigen Augenblikken wie von alleine schließen werden. Außerdem betont der Hypnotisierende, seine Stimme bleibe unter allen Umständen hörbar und der andere könne sich jederzeit von ihr begleiten und weiterleiten lassen. Wenn die Augen tatsächlich zufallen, nimmt man den Beginn der hypnotischen Trance an, die dann vertieft wird. Das geschieht häufig über das Zählen von 1 bis 10. Danach folgt die vorgesehene therapeutische Intervention und – eventuell nach einer Ruhepause – die Rückkehr in den Alltag.

Der unwillkürliche Augenschluß, wiewohl eine Pflichtübung bei der Bühnenhypnose, ist in der therapeutischen Hypnose keinesfalls erforderlich. Die Sammlung der Konzentration nach innen läßt sich auch ohne diesen »Beweis« einleiten, was nach meiner Erfahrung dem Bedürfnis vieler Menschen nach Selbstbestimmung sogar wesentlich besser entgegenkommt. Diese Rücksichtsnahme auf den Patienten halte ich pesönlich für ungeheuer wichtig, weil sonst leicht ein Widerstand entsteht, der die therapeutische Beziehung blockieren wird. Der Hypnotisierende bictet also Wege an und fordert dennoch keinen konkreten Schritt. Vielleicht so:

Können Sie sich eigentlich besser mit offenen oder mit geschlossenen Augen nach innen konzentrieren, um sich im Geiste etwas vorzustellen? (Fast immer lautet die Antwort »Mit geschlossenen Augen«.)

Fein, dann möchte ich Sie jetzt gleich bitten, die Augen ganz bewußt zu schließen . . . Wunderbar, die Augen sind zu, und Sie überprüfen zunächst die Haltung Ihres Körpers – wenn Sie sich es noch bequemer machen möchten, tun Sie es einfach . . . Gut, und wenn Sie sich jetzt weiter nach innen konzentrieren, nehmen Sie ganz deutlich den eigenen Atem wahr. Ihr Atem ist ruhig und gleichmäßig, ruhig und gleichmäßig, wie eine Welle, die kommt und geht, immer wieder... sie kommt... und geht.

Sie können sich noch mehr gehenlassen, sich treibenlassen, ... vielleicht so weit, daß Sie das Gefühl haben, davon zu schweben... oder daß Sie das Gefühl bekommen, immer tiefer und tiefer zu sinken, die Trance wird immer tiefer und tiefer... der ganze Körper immer tiefer und tiefer entspannt... alle Teile wunderbar gelöst... die Füße und die Beine – tief entspannt – das Gesäß und der Rücken – ganz entspannt... der Bauch und die Brust – tief entspannt... die Hände und die Arme – ganz entspannt... die Schultern und der Nacken – tief entspannt... das Gesicht und der Hinterkopf – tief entspannt... ein wirklich wunderbares Gefühl im ganzen Körper... Ruhe und Gelassenheit, innere Zufriedenheit...Und auch wenn Ihr Körper so tief entspannt ist, daß Sie sich etwas müde und schläfrig fühlen, schlafen Sie dennoch nicht! Der Geist ist und bleibt voll wach. So wie der Körper sich immer mehr gehenläßt, läßt auch der Geist immer mehr los. Keine Belastung mehr. Alle Störungen finden hinaus. In Ihrem Geist herrscht Frieden und eine tiefe Stille. Sie fühlen sich immer wohler und wohler. Sie sind im Geiste jederzeit voll da, und deshalb, auch wenn sich die Gedanken zwischendurch mit anderen Dingen beschäftigen, hören Sie mich weiter.

Sie werden so lange in diesem Zustand einer tiefen Trance bleiben, wie es für Sie in der heutigen Sitzung notwendig ist. Sie werden spätestens dann zurückkommen, wenn ich Sie dazu auffordere.

Gut, und jetzt wollen wir versuchen, ob Sie in eine noch tiefere Trance finden, in der Sie noch mehr erleben können. Ich werde gleich von 1 bis 10 zählen, und jede Zahl ist wie die Stufe einer Treppe, die noch tiefer in die Trance führt.

Ganz entspannt, innerlich völlig gelöst, lassen Sie sich einfach überraschen, was Sie alles in der Trance erleben können ... Ich zähle jetzt 1 ... 2 ... 3 ... 4 ... 5 ... 6 ... 7 ... 8 ... 9 ... 10! Tief entspannt!

(Um die Trance zu beendigen, benutze ich hier die umgekehrte Zählweise von 10 bis 1, kombiniert mit erfolgsbejahenden Suggestionen).

Der geistige Handschuh

Die hypnotische Standardmethode zu Schmerzbehandlung ist die *Handschuhanästhesie.* Wie schon der Name andeutet, wird zuerst eine allgemeine Unempfindlichkeit durch die Suggestionen der Taubheit in einer Hand erzeugt. Diese Unempfindlichkeit überträgt dann der Patient auf die schmerzhafte Körperstelle.

Ich werde gleich Ihre (rechte/linke) Hand berühren, und im selben Moment werden Sie entdecken, daß die Hand ganz taub ist ... die gleiche Taubheit, wie nach einer Spritze beim Zahnarzt ... ein Gefühl, als würde die Hand in einem dicken Lederhandschuh stecken ... als wäre sie aus Holz ... ganz taub ... keine Empfindung mehr. (Nun streiche ich mit offener Hand sachte von den Fingerspitzen zum Handgelenk.)

Gut, die Taubheit in der Hand ist jetzt da, und sie kann noch größer werden, bevor die Hand das Gesicht berühren wird (oder eben die Stelle, wo Schmerzen sind. Im folgenden konzentrieren wir uns auf den Kiefer).

Die Hand beginnt, nach oben zu steigen ... sie steigt immer höher und höher, und sie ist vollkommen empfindungslos, völlig taub. Sie kommt immer näher auf das Gesicht zu ... in einigen Augenblicken wird die Hand das Gesicht berühren ... gleich ist es so weit (die Hand berührt das Kinn), und im selben Moment wechselt die Taubheit aus der Hand in das Kinn und ergießt sich in den ganzen Kiefer.

Jede andere Empfindung ist jetzt aus dem Kiefer verschwunden, und die Hand fühlt sich wieder ganz normal, ganz lebendig, und sie kehrt zurück (auf die Stuhllehne, in den Schoß, usw.). Der Kiefer bleibt taub, und die Hand ist voll zurück!

Wird die Handschuhanästhesie bei operativen Eingriffen eingesetzt, ist es notwendig, sie nach der Beendigung der Heilmaßnahme rückgängig zu machen. Zu dem Zwecke steigt die Hand wieder hoch, sie nimmt die Taubheit aus der Körperstelle auf, die Körperstelle fühlt sich normal, und wenn die Hand zurückgekommen ist, streicht der Therapeut vom Handgelenk zu den Fingerspitzen (als würde er den Handschuh abstreifen). Alle Handlungen werden selbstverständlich von angemessenen Suggestionen begleitet.

Bei chronischen Schmerzen verfährt man etwas anders. Der Patient soll nach der Übertragung der Unempfindlichkeit mit der Rückkehr der Hand auch die Trance beenden. Er kehrt also mit der Taubheit anstelle der Schmerzen in den Alltag zurück. Je nach Bedarf soll er dann in Selbsthypnose die Handschuhanästhesie erneuern. Interessanterweise ist die suggerierte Taubheit – obgleich sie nachweislich auch die Schmerzen ausgeschaltet hat – nicht in jedem Falle die therapeutisch richtige Maßnahme. Die Verneinung jeder Körperwahrnehmung führt nämlich unter Umständen zu einem neuen Problem, wie die untenstehenden Therapieaufzeichnungen zeichen:

52jähriger Patient, seit 9 Jahren chronische Schmerzen im Kreuz, in der rechten Hüfte und im rechten Knie (LWS-Syndrom, Cox- und Gonarthrose rechts)

Lfd. Tag	Sitz. Nr.	Interventionsart
1	1	Befragung über die Schmerzgeschichte: Tagsüber durch Arbeit hinreichend abgelenkt, dafür nachts um so stärkere Schmerzen (etwa alle 2 Stunden wegen Veränderung der Körperlage wach). Anschließend die Idee der hypnotischen Schmerzkontrolle besprochen und eine Trance induziert (Methode der umgekehrten Handlevitation) – der Patient erlebt eine Taubheit in der Hand und fühlt sich angenehm müde.
2	2	Die Übertragung der Taubheit aus der Hand in das Bein rein vorstellungsmäßig eingeübt.
	3	Eine Wiederholung der Übung vom Vormittag. Dann posthypnotische Suggestionen zu einer erfolgreichen Selbstanwendung.
6	4	In der Selbsthypnose erlebt der Patient die Taubheit zu stark; außerdem verspürt er strömende Wärme. Er möchte nun auf die Taubheit verzichten, weil durch das fehlende Beingefühl eine große Laufunsicherheit (Stolpergefahr) entstehe. Daher vereinbaren wir eine Änderung von »Taubheit-« zu »Wärmehandschuh«. Der Patient legt von jetzt an tatsächlich die Hand auf die schmerzenden Stellen, da die imaginäre Übertragung nicht mehr funktioniert. Er beginnt mit der Hüfte.
8	5	Diesmal die Wärme ins Kreuz übertragen. Nach der Beendigung der Trance erstaunt, weil die angenehme Wärme (Kribbeln und Prickeln) in das ganze rechte Bein weitergezogen sei. Keine Taubheit mehr!
12	6	Der Patient konnte letzte Nacht nach Selbsthypnose besser durchschlafen. Wiederholung der Übung.
15	7	Die Selbsthypnose mit dem Wärmehandschuh funktionierte tagsüber gut, in der Nacht jedoch nur kurzfristig. Daher gebe ich zusätzlich posthypnotische Suggestionen zum schmerzfreien Schlaf: »Der Handschuh kommt mit dem Einschlafen und verschwindet mit dem normalen Aufwachen am nächsten Tag«, »Das Unbewußte führt die Hand mit der Wärme zum

Schmerz, bevor Sie bewußt aufwachen«, und »Das Unbewußte veranlaßt auch den Körper zum Umdrehen, bevor Sie bewußt aufwachen müßten.«

Kurzgespräche

16 Der Patient habe wider Erwarten recht gut geschlafen.

19 Der Patient schlafe weiterhin ohne Schmerzen die Nacht durch.

(Keine der 7 Sitzungen dauerte länger als 30 Minuten)

Die Taubheitsempfindung erwies sich in dem obigen Beispiel also als eine Behinderung und keine Hilfe für den Patienten. Denn er war zwar seine Schmerzen los, aber auch das Bein war – gefühlsmäßig – weg. Daher läßt sich sagen, daß er in diesem Falle mit den Schmerzen sogar besser dran war als mit der Gefühllosigkeit, denn mit Schmerzen konnte er laufen, ohne das Gefühl jedoch nicht! Glücklicherweise fanden wir in der 4. Sitzung eine Empfindung, die die Schmerzen ausschaltete, ohne das Bein »wegzunehmen«.

Das zweite Ich (Der versteckte Beobachter)

Neben der klassischen Handschuh-Technik bewährten sich mittlerweile auch etliche andere Verfahren, auf die ich noch zu sprechen komme. Zunächst finde ich es jedoch angebracht, die neuen experimentellen Befunde zur Hypnoanalgesie zu erläutern. Denn die von HILGARD vorgestellten Arbeiten geben erstaunliche Aufschlüsse über den Wirkungsmechanismus der hypnotischen Schmerzkontrolle. Wie so häufig, fing alles mit einem Zufall an:

Der Versuchsleiter (Vl) stellte in seiner Vorlesung gerade das Phänomen der hypnotischen Taubheit vor. Der Proband (Pb) war ein blinder Student mit Vorerfahrung, der sich freiwillig zur Verfügung gestellt hatte. Nach der üblichen Tranceinduktion bekam der Pb die Suggestion, nach dem Zählen von 1 bis 3 werde er kein Geräusch mehr hören. Sein Gehör werde erst wieder funktionieren, nachdem der Vl seine rechte Schulter berührt haben wird. Gleich nach dem Zählen erzeugte der Vl ganz in der Kopfnähe des Pb laute Geräusche, indem er schwere Holzklötze aufeinanderschlug. Erwartungsgemäß zeigte der Pb keine Reaktion, wie schon in vorherigen Stunden bei Schüssen mit einer Startpistole.

Jetzt schlug jemand aus dem Publikum vor zu fragen, ob etwa »ein Teil« in dem Pb trotz der zweifelsfreien Taubheit die Umwelt wahrnehmen würde. Der Vl gab die Frage ohne Bedenken weiter:

»Wie Sie wissen, gibt es im Nervensystem Teile, die ohne bewußtes Zutun funktionieren – wie Kreislauf oder Verdauung. Doch es mag gut sein, daß es ebenfalls geistige Vorgänge gibt, über die wir im normalen Bewußtseinszustand zu wenig oder gar nichts wissen, wie die Träume. Sie sind jetzt zwar seit einer Weile völlig taub, doch vielleicht ist da ein Teil in Ihrem Inneren, der mich hört und versteht. Wenn es so ist, geben Sie mir bitte ein Zeichen mit dem rechten Zeigefinger.«

Und zu allgemeiner Verwunderung hob sich der Finger! Unmittelbar darauf meldet sich auch die Stimme des Pb:

»Bitte geben Sie mir das Gehör wieder zurück, damit Sie mir sagen können, was Sie getan haben. Ich habe gespürt, wie mein Finger ganz eigenartig gestiegen ist, und deshalb müssen Sie es irgendwie verursacht haben. Ich will wissen, was es war.«

Der Vl berührte seine Schulter.

»Können Sie mich jetzt hören?«

»Ja, ich höre Sie wieder. Erzählen Sie mir bitte, was Sie da gemacht haben.«

»Woran können Sie sich selbst noch erinnern?«

»Sie haben zunächst gesagt, daß ich bei 3 taub und erst nach der Schulterberührung wieder hören werde. Dann wurde es für eine Weile ganz still. Weil es ziemlich langweilig war, habe ich begonnen, an einem statistischen Problem herumzurechnen. Ich war gerade mitten drin, als der Finger hochgegangen ist – und das möchte ich gerne von Ihnen erklärt haben.«

*Der Vl erzählte alle Einzelheiten. Dann führte er den Pb aus der Trance, in der sich jener noch immer befand (!), in den Alltag zurück.**

HILGARD benannte die seltsame Erscheinung *Versteckter Beobachter.* Er vermutet dahinter eine vorübergehende, steuerbare Aufspaltung des Bewußtseins und begründet sie mit der *Neodissoziationstheorie* der Hypnose. Vereinfacht ausgedrückt besagt die Theorie folgendes: Das Bewußtsein eines jeden Menschen setzt sich aus mehreren Teilen (kognitiven Kontrollsystemen) zusammen, die im normalen Wachzustand in bestimmten, festgelegten Beziehungen zueinander stehen. In der hypnotischen Trance ändert sich die Anordnung dieser Teile. Einige lösen sich aus den festen Verbindungen.

Und in der Tat ist die hypnotisierte Person irgendwie anders als »dieselbe« Person im normalen Bewußtseinszustand. Wir können uns wieder mit einem Beispiel behelfen, um es besser zu verstehen. Sie kennen sicher das Kaleidoskop oder optische Bild-Zauberrohr. Ich halte es also gegen das Licht und betrachte eine bestimmte, vielteilige Gestalt. Dann schüttle ich es kurz oder ich drehe es – und die bunten Scherben im Inneren bringen plötzlich ein anderes Bild hervor; dieses Bild ist auch dann vollständig, wenn einige Teile von vorhin untergetaucht sind.

Ein typisches Schmerzexperiment von HILGARD beginnt mit der Überprüfung der Hypnotisierbarkeit. Dafür verwendet man eine der gebräuchlichen Skalen zur Feststellung der hypnotischen Beeinflußbarkeit, die es für Einzel- wie für Gruppendurchführungen gibt. Als nächstes läßt man die Versuchsperson im normalen Wachzustand die Stärke einer standardmäßigen Schmerzreizung einschätzen. Der experimentelle Schmerz wird in unserem Beispiel durch eiskaltes Wasser erzeugt. An der Stelle einer Stuhlarmstütze befindet sich ein Wasserbehälter, so daß die Versuchsperson den ganzen Unterarm bequem hineintauchen kann. Die Standarddauer des Eiswasserbades beträgt 45 Sekunden. Die Schätzung der Schmerzintensität geschieht durch spontane Nennung einer Zahl zwischen

* E.R. Hilgard & J.R. Hilgard: Hypnosis in the relief of pain. 1975, 1983², Los Altos, Calif.: W. Kaufman

0 und 10 (= ein so heftiger Schmerz, daß man am liebsten sofort Schluß mit dem Experiment machen möchte) und weiter darüber, wenn die Toleranzgrenze 10 überschritten wurde.

Der Versuchsleiter versetzt jetzt die Versuchsperson in eine hypnotische Trance und suggeriert ihr, sie werde im Wasser nichts empfinden. Dann soll sie den Unterarm ins Wasser legen. Jede 5 Sekunden wird sie gefragt, wie stark die Schmerzen sind. Unsere Versuchsperson sagt jedesmal »0«.

Nun wurde aber noch vor dem Eintauchen des Armes der Versteckte Beobachter aktiviert. Er bekam die Aufgabe, die Schmerzen ebenfalls jede 5 Sekunden zu bestimmen. Zu dem Zwecke bedient man sich des sogenannten automatischen Schreibens – die freie Hand soll die Spontanbeurteilung ohne bewußte Kontrolle notieren, was z. B. mit Männchenkritzeln beim Telefonieren vergleichbar ist. Und während also die hypnotisierte Versuchsperson jedesmal »0« sagt, schreibt die Hand die Zahlen »2«, »5«, »7«, »8«, »9« usw. auf.

Der Versteckte Beobachter berichtet den fast normalen Schmerz, während der hypnotisierte Teil völlig schmerzfrei bleibt!

Das Ergebnis einer Untersuchung mit acht hochhypnotisierbaren Versuchspersonen veranschaulicht die Abbildung aus Hilgard & Hilgard auf S. 78.

Wenn die suggerierte Analgesie in hypnotischer Trance erfolgreich ist, wie in der nachstehenden Darstellung, hat der Mensch in dem normalen hypnotischen Zustand weder eine Schmerzempfindung noch ein Schmerzleiden (vgl. Kap. 1). Nach der Beendigung der Trance erinnert er sich nur, sich wohlgefühlt zu haben. Eine weitere wichtige Beobachtung ist außerdem, daß obwohl der Versteckte Beobachter über Schmerzempfindungen sehr wohl zu berichten weiß, diese Empfindungen ebenfalls leidensfrei bleiben. Wird nämlich dem wachen Menschen ins Bewußtsein gebracht, was sein Versteckter Beobachter in Trance von sich gab, bestätigt der Mensch den Bericht. Trotzdem berichtet er, er habe trotz starker Schmerzen nicht gelitten.

Der Hauptbefund Hilgards Untersuchungen lautet, daß die Fähigkeit zu hypnotischer Schmerzunempfindlichkeit sehr stark von dem Grad der

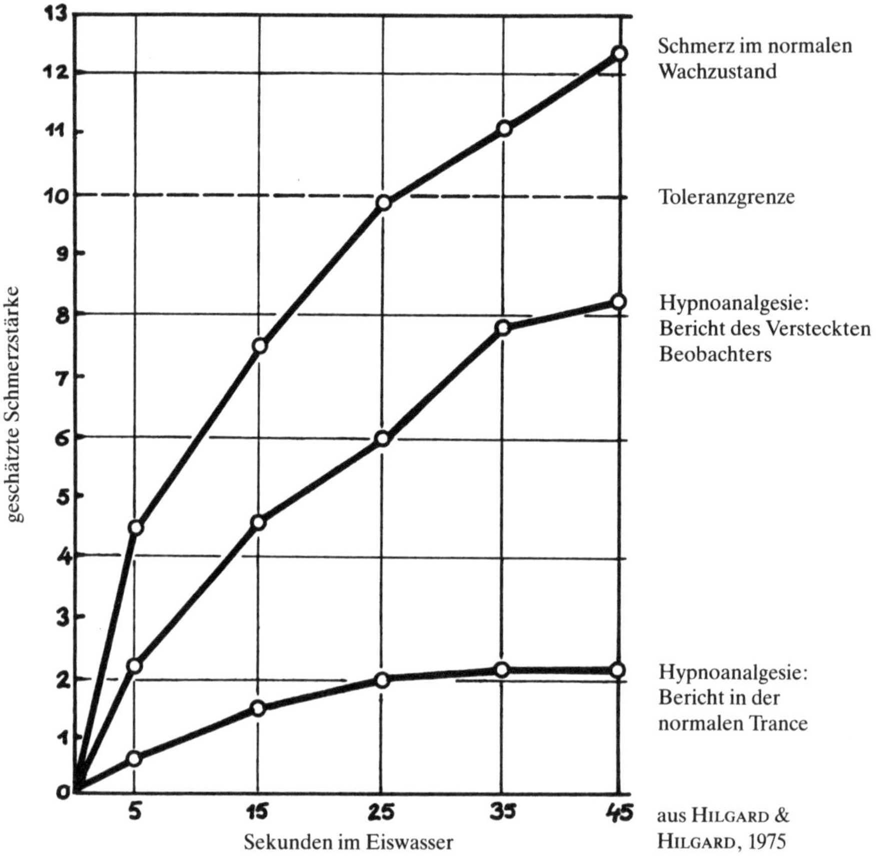

aus HILGARD & HILGARD, 1975

Hypnotisierbarkeit abhängig ist. Weniger als 1/10 der hoch-, etwa 1/4 der mäßig-, jedoch über 1/2 der schwachhypnotisierbaren Versuchspersonen erreichten keine Schmerzreduktion. In der klinischen Praxis ließ sich der experimentell belegte Zusammenhang allerdings nicht bestätigen. Dort vertritt man die Auffassung, daß die Schmerzempfindlichkeit ganz allgemein bei gut 90% der Patienten mehr oder weniger hypnotisch reduzierbar ist. Den Grund dafür diskutiert J. BARBER: »Die hypnotische Beeinflußbarkeit ist im wesentlichen keine feste Eigenschaft, die man mit einem standardisierten Hypnotisierbarkeitstest festlegen kann. Sie kommt erst dann voll zur Geltung, wenn man das Normverfahren dem Menschen und seinen momentanen Bedürfnissen anpaßt.«* Die Notwendigkeit der ständigen Anpassung des gewählten Verfahrens auf die individuellen Notwendigkeiten kommt besonders klar in einem Eigenbericht von RAUSCH zum Ausdruck. Der Autor, ein Kieferchirurge mit langjähriger Hypnosepraxis, erzählt darin, wie er trotz seiner sehr mäßigen Hypnotisierbarkeit die unumgängliche Gallenblasenoperation ohne Narkose, nur in Selbsthypnose bewältigte:

*Das Ganze dauerte eineinviertel Stunden. Es gab keine Komplikationen, weder bei dem Eingriff noch später. 5 Tage nach der Operation verließ ich das Krankenhaus, nach weiteren 5 Tagen war ich voll einsatzfähig und bei bester Gesundheit, wieder in meiner Praxis.***

Bei einem meiner Patienten (47 Jahre alt) mit chronischen Hüftschmerzen (Coxarthrose rechts), die ihn seit 4 Jahren plagten, gestaltete sich die Suche nach der passenden Technik so:

Lfd./ Tag	Sitz. Nr.	Interventionsart
1	1	Befragung über die Schmerzgeschichte. Der Patient wendet das Autogene Training an (spricht aber auf die 5. Übung = Solar plexus nicht an). Er bewegt sich so oft wie möglich. Schmerzen vor allem nachts. Ich wende also meine Standardtechnik, die umgekehrte Handlevitation, und suggeriere eine Taubheit in der Hand. Nach Beendigung der Trance berichtet der Patient eine nur leichte Wirkung. Ich trage ihm nun auf, dic Trance und die Empfindung selbst auf seinem Zimmer herbeizuführen.
2	2	Der Patient habe die Selbsthypnose insgesamt dreimal versucht – einmal mit einer noch schwächeren Wirkung als in der

---

* J. Barber & Ch. Adrian (Hrsg.): Psychological approaches to the management of chronic pain. 1982, New York: Brunner/Mazel

** V. Rausch: Cholecystectomy with self-hypnosis. 1980, American Journal of Clinical Hypnosis, Bd. 22, S. 124–129

gestrigen Sitzung, zweimal ohne jeden Erfolg.

Auf die Frage, welches Gefühl er denn gegen die Schmerzen am liebsten hätte, sagt er spontan »Wärme«. Wir induzieren nun eine Trance über das Autogene Training, wobei er die Hände über der Magengrube zusammenfalten soll. Die Augen bewußt geschlossen sitzt er also da, und ich zähle im Anschluß an einige Ruhe-Suggestionen einfach von 1 bis 10 zwecks Entspannungsvertiefung. Dann erzähle ich ihm, wie die Wärme zwischen den Händen und der Bauchdecke immer stärker wird, in den Bauch einströmt, und schließlich – vielleicht erst nach der Sitzung – die Hüfte erreicht. Nach der Rückführung berichtet der Patient, wie aus einer Hitzewallung tatsächlich ein Wärmestrom entstand, der noch immer (!) zur Hüfte fließe. Die Hitzewallung sei zugleich die Schmerzspitze (= der stärkste Schmerz) gewesen.

3 3 Der Patient habe die Selbsthypnose erneut dreimal angewendet – einmal ganz starke, zweimal mittelmäßige Wärme mit schmerzlindernder Wirkung.

Wiederholung der gestrigen Methode, ergänzt um posthypnotische Suggestionen zu einer zeitlichen Ausdehnung der Wärmewirkung.

6 4 Der Patient habe einmal eine wirklich nachhaltige Schmerzbefreiung erzielt, ansonsten häufig eine Entspannung mit Wärmeeffekt erlebt.

Ein Nachteil bei der ganzen Übung sei der regelmäßig noch vor der Beendigung der Übung eintretende Schlaf (oder Ohnmächtigkeit?), den er durch seinen niedrigen Blutdruck verursacht sieht.

Dagegen schlage ich eine Zusatzübung vor, nämlich den »Sonnenteil« der Polarisierung nach OSTRANDER & SCHROEDER (1980). Der Patient ist Kupferschmiedmeister, und so finden wir als passenden Vergleich die Imagination einer Feuerstelle (= die bisherige Wärmeübung), in der die Glut entfacht wird (= die »Sonnenenergie« bei der Einatmung). Der Patient erlebt im Unterleib und in den Beinen ein heftiges Prickeln und Kribbeln und hat das Gefühl, vor lauter Energie »heiße Fußsohlen« bekommen zu haben. Der Eindruck hält auch nach der Trance an.

8 5 Es sei jetzt alles so weit in Ordnung, nur in den Füßen bilde sich stets ein Hitzestau. Durch die Vorstellung eines Wärme-Ableiters habe er es jedoch einigermaßen im Griff, so daß der Stau nur etwas unangenehm sei. Wir besprechen jetzt ausführlich den Ableiter, und er findet am besten das Bild einer 1 m × 1 m großen Aluminiumplatte, die in der Erde eingelassen ist (wieder ist das Bild durch den beruflichen Umgang mit Metallen bedingt!).

In der Trance beschreibe ich den Ableiter sehr genau mit seinen eigenen Worten und suggeriere dem Patienten wiederholt, daß die Hitze durch die Füße hindurchgeleitet und nicht darin gestaut wird. Danach sagt der Patient, nun sei wirklich alles in Ordnung. Er nimmt sich auch fest vor, die Wärme anderen Gelenken zukommen zu lassen.

10 6 Am Vorabend sei plötzlich alles verschwunden – der Patient ist außerstande, weder das Autogene Training noch die hier eingeübte Selbsthypnose anzuwenden.

Bei Wiederholung unserer Übung kommen nur sehr schwache Empfindungen zustande.

12 7 Die Tendenz sei jetzt eindeutig aufsteigend, aber die strömende Wärme sei noch nicht so intensiv und hilfreich wie vor dem Einbruch.

In der Trance erlebt er die wohltuende Empfindung in alter Stärke wieder, wobei er ganz am Anfang eine Schmerzspitze wie in der 2. Sitzung verspürte.

15 8 Der Patient ist weiter erfolgreich. Die Wärme tauche nicht mehr in den Händen auf, die er auf dem Bauch hält, im Leib und in den Hüften sei sie jedoch ausreichend (= schmerzlindernd).

Neun Monate nach der Anleitung gab mir der Patient eine Rückmeldung. Ich zitiere:

Bei der Übung zur Schmerzlinderung in den Hüftgelenken ist bei der entsprechenden Sitzposition die entspannende und verdrängende Wirkung sofort vorhanden. Es ist in dem Bereich von den Hüften bis zu den Füßen ein angenehmer entspannter Zustand mit Wärmegefühl vorhanden, der nach der Übung einige Zeit anhält. Bei einer anderen Sitzposition oder bei fremden Geräuschen ist die Wirkung nicht so intensiv. Beim Versuch, Schmerzen in anderen Körperteilen zu lindern, ist es noch schwierig, die Entspannung und Verdrängung so intensiv wie in den Hüften zu bekommen. Der bisherige Erfolg ist für mich sehr angenehm und gut, denn seit der Kur bei Ihnen im Oktober 1981 ist mein Verbrauch an Schmerzmitteln (Amuno) auf 3 oder 4 Stück seit Oktober bis heute zurückgegangen. Früher waren es zeitweise bis zu 2 Stück am Tag. Aufgrund dessen versuche ich die Übungen durch intensives Training weiter zu verbessern und hoffe dann, zu einem vollen Erfolg zu kommen.

In den gerade geschilderten Fällen sind gleich mehrere Techniken der hypnotischen Schmerzkontrolle angesprochen: die Volldissoziation über Musik, die Zeitverzerrung und die Umstrukturierung des Schmerzes durch das strömende Gefühl bei der Gallenblasenoperation; und die Ablösung der Schmerzen durch die Wärme bei der Coxarthrose. Tatsächlich gibt es sehr viele solche Interventionsmöglichkeiten. Um der Fülle überhaupt Herr zu werden, will ich mich nach den ausführlichen Beschreibungen auf eine Übersicht beschränken, die die Hauptmerkmale der gängigen Methoden erfaßt. Daraus lassen sich jederzeit individuell wirksame(re) Einzelformen ableiten.

1. Direkte Suggestion permissiver Art

   (a) Dem Patienten wird suggiert, daß er die Schmerzen auf eigene Art und Weise in der hypnotischen Trance bewältigen wird, und daß diese Fähigkeit auch nach der Trance wirksam bleibt (Hilgard, 1980).

   (b) Dem Patienten wird suggeriert, daß seine Schmerzen von nun an stündlich immer kleiner und kleiner werden, daß er es jedoch zunächst überhaupt nicht wird merken können, weil es sehr langsam vor sich gehen wird. Erst in einigen Tagen wird es ihm dann bewußt werden, auf welche Art und in welchem Ausmaß sich die Schmerzen zwischenzeitlich veränderten (Erickson, 1967).

2. Dissoziationen

   (a) Teil-: Der Patient erlernt über die Dissoziation einer Hand die Handschuhanästhesie, die er später auf die schmerzende Stelle überträgt (Hilgard, 1980; Erickson, 1967; Sacerdote, 1970; Kroger & Fezler, 1976).

   (b) Voll-: Der Patient stellt sich vor, er sei irgendwo anders und tue dort etwas angenehmes, während sein schmerzender Körper zurückbleibt (Hilgard, 1980; Erickson, 1967; Sacerdote, 1970; Kroger & Fezler, 1976).

   Oder die erforderliche Veränderung der Raum-Zeit-Wahrnehmung wird durch die Altersregression in einen noch schmerzfreien Lebensabschnitt (Sacerdote, 1978 und 1981) bzw. über das Auslösen von mystischen Erlebnissen (Sacerdote, 1977) erreicht.

3. Umstrukturierungen

   (a) Der Patient lernt, die ihm bewußt werdenden Signale anders als Schmerzen zu interpretieren: z. B. als Druck, Zug, Kälte, Wärme usw., um daraus eine weniger bedrohliche und mehr periphere Gestalt zu entwickeln (Erickson, 1967; Sacerdote, 1970).

   (b) Durch posthypnotische Amnesie wird die Erinnerung der schmerzhaften Phasen gelöscht, so daß sie dem Patienten nicht mehr so häufig vorkommen (Hilgard, 1980). Darüber hinaus kann man ihn auch lehren, künftige Schmerzanfälle nicht mehr vorwegzunehmen. Durch Zeitverzerrung wird es ihm dann möglich sein, die mehrminütigen Schmerzspitzen in 10–20 Sekunden hinter sich zu bringen. Schließlich verankert man eine komplexe posthypnotische Suggestion, wonach der Patient von jedem künftigen Schmerzanfall vollkommen überrascht sein wird; wenn der Anfall geschieht, wird der Patient für 10–20 Sekunden in seine Trance gehen, wo er den gesamten Schmerz ausleben wird; und dann wird er aus der Trance zurückkommen, ohne zu wissen, daß er gerade in der Trance war oder daß er Schmerzen hatte (Erickson, 1967).

(c) Durch posthypnotische Amnesie »vergißt« der Patient das Erleiden der Schmerzen und verliert dadurch die Angst und die Erwartungen, die auf seinen vorangegangenen Schmerzerfahrungen gründen (SACERDOTE, 1970).

(d) Das Schmerzsymptom wird z.B. aus dem Bauch in die Hand verschoben, denn es zeigte sich, daß dort Schmerzen normalerweise besser zu ertragen sind als im Leibe. Auch sind Schmerzen in den Extremitäten nur selten lebensbedrohlich (HILGARD, 1980).

(e) Die am weitesten gehende Anregung wurde kürzlich als die »epikureische Technik« von GIBSON (1982) vorgestellt. Der Schmerz soll weder versetzt noch gemindert, sondern mittels dafür geeigneter Suggestionen zu purer Lebenslust umgewandelt werden. Während nämlich die konventionelle Therapie die Entspannung und die Nicht-Empfindung bevorzugt, stützt man sich in dem neuen Ansatz auf die Aktivitäten und die Anstrengungen, die jeder von uns unternimmt, um die ganz persönlichen Bedürfnisse und Wünsche zu befriedigen. Der Schmerzpatient wird also angeleitet, dieses Energiepotential lust- statt schmerzvoll erleben zu lernen. Zuvor ist jedoch grundsätzlich die Frage zu klären, welche neuen Quellen der Erfüllung dem Patienten verfügbar sind, wenn durch Krankheit, Verletzung oder normales Altern die früheren Anlässe zur Lebensfreude verschüttet gingen.

4. Nutzung physiologischer Metaphern

(a) Die Theorie der Eingangskontrolle, wonach im Rückenmark »Schmerztore« sind, die das Gehirn per Befehl schließen kann (SACERDOTE, 1978; zur Theorie s. MELZACK & WALL, 1983).

(b) Die Kabel-Schalter-Methode, bei der von der Vorstellung ausgegangen wird, daß bunte Kabel von den schmerzenden Stellen zum Kontrollzentrum im Gehirn führen. Dort sind dann Schalter, mit deren Hilfe der Patient diese Leitungen stillegen kann (HILGARD, 1980; CHEEK & LECRON, 1968).

(c) Die Aktivierung der körpereigenen Abwehrkräfte. Der Patient imaginiert zunächst die Schmerzen in einer konkreten Gestalt, die ihm passend erscheint. Daraufhin stellt er sich den Abwehrmechanismus und die natürlichen Vorgänge im eigenen Körper bildlich vor und sieht, wie die Abwehrkräfte die Ursache der Schmerzen beseitigen. Am Ende der Übung sieht er sich gesund und von Schmerzen so weit befreit, daß er seiner Wunschbeschäftigung nachgehen kann (SIMONTON, 1982).

Bei dem zweiten Punkt kommt es mitunter zu Erfahrungen, die geradezu mystisch anmuten. SACERDOTE setzt sie sogar gezielt in der Schmerztherapie ein, wobei er die Patienten entweder in das Gefühl des Einsseins mit dem Universum oder in das Gefühl des »Nicht-Seins« hineinbegleitet. Für das zweite Erlebnis verwende ich gerne folgenden Text:

... der Körper genießt nun mehr und mehr eine tiefe Entspannung; und das Gemüt erfreut sich zunehmend an der stillen, tiefen, friedvollen Ruhe, die Sie dabei finden... Sie sind von einer klaren Wolke voller Stille umgeben ... Sie finden darin einen endlosen Schutz vor jeder Störung.

Und während die Entspannung und der innere Friede immer tiefer und tiefer in jede Körperzelle eindringen, dehnt sich die schützende Wolke immer weiter aus, wie eine Spirale, die immer weiter wird, und Sie bleiben in Ihrer Mitte, vollkommen sicher und geborgen...

Die leuchtende Ruhe und die heitere Gelassenheit, die die Wolke nach innen wie nach außen ausstrahlt, nimmt noch weiter zu... In der Mitte der leuchtenden Wolke, die Sie wie eine unsichtbare Hülle beschützt, fühlen Sie sich sehr wohl... Der Körper und das Gemüt werden mehr und mehr von der Stille durchwirkt... Alle willkürlichen und unwillkürlichen Regungen verschwinden ... sie lösen sich auf ... und Sie fühlen sich einfach frei von jedem Gedanken ... von jedem Gefühl ... frei.

Damit sind wir auch am Ende dieses Kapitels angelangt. Es bedeutet jedoch nicht, daß damit alle geistigen Möglichkeiten der Schmerzkontrolle ausgeschöpft wären. Im nächsten Kapitel setze ich das Thema fort, indem ich eine ganze Reihe von Methoden behandele, die den Glauben an eine nicht-stoffliche Macht viel stärker hervorheben. Ich fasse sie unter dem Begriff *Meditation* zusammen. Ich will zugeben, der Schnitt ausdrücklich an dieser Stelle ist von einer alten Konditionierung bei mir bestimmt. An der Universität hatte man mir beigebracht, das Akademische von dem Nicht-Akademischen sorgfältigst abzusondern. Hypnose wird in dem akademischen Rahmen gerade noch geduldet. Aber Meditation? In einem neuerdings veröffentlichten Sammelbericht meint Degen:

»Wer also wieder einmal zünftig in die meditative Versunkenheit abtauchen will, kann auch gleich Schäfchen zählen. Am besten die, die sein Guru ins Trockene gebracht hat.«

Also sage ich: Seien Sie Ihr eigener Meister!

Anmerkungen

Die eröffnende Argumentation für die Einführung von psychologischen Methoden in der Schmerzbehandlung übernahm ich von ADRIAN & BARBER (1982).

Psychoanalyse

Die Darstellung erfolgte nach der Zusammenfassung von TURK & FLOR (1984). Sie berichten außerdem über die aktuelle Tendenz einiger psychoanalytischer Autoren, Schmerzen ungewissen Ursprunges als eine besondere Variante von Depressionen zu verstehen. Demnach unterscheiden sich solche Patienten von chronisch Schmerzkranken mit klarer organischer Diagnose durch eine gewisse konstitutionelle Veranlagung und sollten daher mit antidepressiven Medikamenten behandelt werden. Diese Sichtweise gründet auf der Annahme, daß es nur »psychogene« und nur »organische« Schmerzzustände gibt. Wie jedoch in letzten Jahren immer mehr Arbeiten plausibel nahelegen, ist die Unterscheidung in Form von »entweder/oder« nicht haltbar. Die Bezeichnung »psychogen« wird dann gewählt, wenn das diagnostische Instrumentarium keine angemessenen physiologischen Grundlagen für den berichteten Schmerz ergibt, und der Arzt somit keinen organischen Ansatzpunkt für seine gewohnte Behandlungsweise findet (FORDYCE & STEGER, 1982). FRICTON (1982) fügt hinzu:

> *Weil viele chronisch Schmerzkranke psychische Störungen entwickeln, und weil viele Schmerzzustände nicht alleine durch pharmakologische oder chirurgische Behandlung zu bewältigen sind, machen Ärzte und Zahnärzte zuweilen den Fehler, organisch begründete Schmerzen als ein rein psychologisches Problem aufzufassen.*

STERNBACH (1982) schlägt deswegen vor, nur dann von psychogenen Schmerzen zu sprechen, wenn (1) trotz gewissenhafter, umfangreicher somatischer Untersuchungen keinerlei Anhaltspunkte für einen physiologischen Befund vorliegen und (2) die Lebensgeschichte des Patienten begründete Verdachtsmomente für die

Umwandlung emotionaler Konflikte in physische Schmerzen liefert. Nach der Auffassung von GIBSON (1982) ist jedoch auch dieses diagnostische Verfahren eigentlich unzulässig:

Der Zustand (beim Entstehen von Schmerzen) mag eher organisch oder eher funktional (d. h. psychosomatisch) sein, aber der aus diesem Zustand hervorgegangene Schmerz ist immer ein funktionales Phänomen. ... Die Schmerzen, die der Krebs erzeugt, unterscheiden sich in keiner Weise von den Zahn-, Magen- oder Rückenschmerzen.

MERSKEY & Spear (1967) decken in ihrer historischen Rückschau auf, daß die diagnostische Aufspaltung von Schmerzen in »psychogen« und »organisch« zeitlich mit der Einführung der Chemoanästhesie zusammenfällt (vgl. Kap. 3). Die Trennung von Körper und Seele/Geist wurde von der vorherrschenden materialistischen Weltauffassung bestimmt. Als Vorbild für die Schmerzforschung diente die Nutzung einer technischen Zauberei, der Elektrizität, die damals in ähnlicher Weise einen Sturm der Begeisterung auslöste wie die Computer-Technologie von heute. Die Übernahme des Elektrizitätsmodells hatte die noch gegenwärtige Denkweise zur Folge: Entweder sind die Schmerzen »echt« vorhanden – dann muß man einen konkreten Befund erheben können, wie bei einem Kurzschluß im elektrischen Stromkreis. Oder aber die Untersuchung ergibt keine organische Auffälligkeit – also können auch keine wirklichen Schmerzen da sein, und der Patient bildet sich alles nur ein.

Verhaltenstherapie

Die Extremposition der Verhaltenstherapie ergreift eindeutig FORDYCE (1980), wenn er Schmerzen definiert:

Klinisch gesehen, kann Schmerz nicht zum Problem werden, bevor nicht jemand mitteilt, daß er gerade Schmerzen empfindet. Ohne eine Form von Kommunikation – absichtlicher oder anderer Art – gibt es kein Schmerzproblem.

Die allgemeine Umschreibung des verhaltenstherapeutischen Ansatzes für eine Schmerzbehandlung stammt von STERNBACH (1982). Die Grundzüge des operanten Schmerzmanagements erörtern FORDYCE & STEGER (1982).

An selber Stelle findet sich ein ausführliches Behandlungsschema des operanten Schmerzmanagements. Darin sind ebenfalls nähere Angaben zu dem Schmerzcocktail enthalten.

Im Konzept der Schmerzspiele greift STERNBACH (1974) die Transaktionsanalyse von BERNE (1966) auf. BERNE ist es auch, der Spiele als unehrliche und konfliktfördernde Verhaltensweisen definiert. BULLINGER & Turk (1982) nennen das Beispiel, und sie führen ebenfalls die therapeutischen Hauptkomponenten bei Aufarbeitung der Schmerzspiele an; die Abschlußfeier schildert STERNBACH (1974) selbst. Eben diese Zeremonie findet GIBSON (1982) ausgesprochen anstößig, weil sie für seine Begriffe eine deutliche Stigmatisierungsfunktion hat:

> (Es gibt zwei Arten von Bescheinigungen) Die erste Bescheinigung beglückwünscht den – offenbar erfolgreichen – Patienten dazu, daß er »es gelernt hat, trotz Schmerzen gut zu leben; deshalb hat er Anspruch auf alle nur denkbare Anerkennung und Hochachtung.« Die zweite Bescheinigung kann eigentlich nur den Zweck haben, den »gescheiterten« Patienten zu verhöhnen, ihm eine Narrenkappe aufzusetzen. Es steht darin nämlich geschrieben, der Kranke sei ein »EWIGER SCHMERZPATIENT, der den vereinten Anstrengungen unserer besten Spezialisten zu widerstehen verstanden hat; und eben für diese Leistung sei ihm ein Lob auszusprechen.« Das Papier ist sehr wichtig – nicht nur verneint es rundweg die Möglichkeit, daß ein Mißerfolg der Unfähigkeit der o.g. Spezialisten anzurechnen ist, sondern es weist die Schuld alleine dem Patienten zu, indem es behauptet, er hätte sich absichtlich allen Bemühungen seiner Wohltäter widersetzt.
>
> Dies läßt die Frage zu, ob das therapeutische Vorgehen von STERNBACH in den Fällen, wo es augenscheinlich zu einem Erfolg geführt hat, wirklich den Schmerz des Kranken gelindert hat. Oder manipuliert man den Patienten durch verschiedene psychologische Machtmittel wie Gruppendruck und Androhung einer »Narrenkappe«, so daß er lediglich eine Besserung vorgibt?

Im übrigen ist die Strategie, Schuld am Mißerfolg ausschließlich dem Patienten zuzuschreiben, auch in der Psychoanalyse gut bekannt. SZASZ (1974) beispielsweise schreibt, bei einem Behandlungsmißerfolg habe man es schlicht mit einem schwer manisch-depressiven Patienten zu tun, der seine Schmerzen haben müsse, um sich quasi wohlzufühlen, ein solcher Patient verweigerte sich jeder echten Hilfe. Und SZASZ schließt seine Ausführungen mit folgenden Fragen ab:

> Was soll der Arzt jetzt tun? Wessen Schmerzen soll er im Endeffekt behandeln? Die des Patienten (der es nicht will)? Die der Verwandten, welche unter der ständigen Unzufriedenheit des Patienten zu leiden haben? Oder die eigenen (Seelen)Schmerzen, verursacht durch die tiefe persönliche Enttäuschung (über den Patienten, der jede Hilfe abschlägt)?

Das ganze Lamento über den böswilligen Patienten endet also mit Selbstmitleid auf seiten des Behandlers und mit dem Vermerk »Querulant« oder »Simulant« in den Akten.

Doch kehren wir noch einmal zu dem Begriff Schmerzspiele zurück. SHEALY (1976), selbst ein Arzt, erkennt im Unterschied zu STERNBACH selbstkritisch nicht nur bei den Patienten sondern auch bei den Medizinern (!) Schmerzspiele.

> Die meisten Ärzte sind bald durch die Person des Schmerzpatienten wie durch den Mißerfolg ihrer Schulmedizin frustriert. Indem sie (aus Ratlosigkeit) innerlich solche Patienten den Alkoholikern gleichstellen, schreiben sie die Schmerzkranken als hoffnungslose Fälle ab.

Die Umwandlung der gestörten Verhaltensweisen des Patienten in Spiele, bei denen alle gewinnen, wird uns in weiteren Teilen dieses Buches immer wieder beschäftigen. Die sauberen Spielregeln für Mediziner sind an sich schon längst festgelegt. Mit dem Eid des HIPPOKRATES (EBSTEIN, 1914) verpflichtet sich der angehende Arzt:

> ... In alle Häuser aber, in wie viele ich auch gehen mag, will ich kommen zu Nutz und Frommen der Kranken und mich fernhalten von jederlei vorsätzlichem und Schaden bringendem Unrechte ...

Im Kapitel »Über den Anstand« heißt es weiter:

> Der sich die ärztliche Kunst richtig aneignen will ... muß Philosophie in die Medizin und Medizin in die Philosophie hineintragen; denn ein Arzt, der zugleich Philosoph ist, steht den Göttern gleich. Es ist ja doch kein großer Unterschied zwischen den beiden, weil die Eigenschaften der Philosophie auch sämtlich in der Medizin enthalten sind: Uneigennützigkeit, Rücksichtsnahme, Schamhaftigkeit, würdevolles Wesen, Achtung, Urteil, Ruhe, Entschiedenheit, Reinlichkeit, gepflegte Ausdrucksweise, Kenntnis des zum Leben Nützlichen und Notwendigen, Abscheu vor Schlechtigkeit, Freisein von Aberglauben, göttliche Erhabenheit; denn die Eigenschaften besitzen alles, was sie besitzen, um die Üppigkeit, das (niedere, gemeine) Handwerksmäßige, die unersättliche Habsucht, die Begierde, die Rauflust und die Schamlosigkeit erkennen zu lassen ...

Auch zum Honorar als einem nicht unwesentlichen Bestandteil der Behandlung äußert sich HIPPOKRATES unmißverständlich:

> Was das Honorar anlangt, ... so rate ich, daß man auf das Vermögen und das Einkommen des Kranken Rücksicht nehme. Bisweilen tut man gut, umsonst zu

behandeln, indem man lieber dankbare Erinnerung als augenblicklichen Ruhm auf sich nimmt. Bietet sich aber Gelegenheit, einem Fremden und Bedürftigen Hilfe zu leisten, so soll man diesem in hervorragendem Maße zu Diensten stehen; denn wo Liebe zum Menschen vorhanden ist, da ist auch Liebe zur Kunst vorhanden.

Der Arzt als der wahre Künstler und Menschenfreund, das ist für HIPPOKRATES schlichtweg das Gesetz:

> Die ärztliche Kunst ist von allen Künsten die vornehmste...(Weil sie aus diesem Grunde zugleich die schwierigste ist,) so gibt es auch der Ärzte dem Namen zwar viele, der Tat nach aber recht wenige.

Die drei Grundannahmen des Biofeedbacktrainings formulierten TURK u.a. (1982). SCHUMAN (1982) charakterisiert die zwei Schritte zum Erlernen der willentlichen Kontrolle über das autonome Nervensystem bei apparativer Unterstützung. Die Versuchsanordnung bei Behandlung von Kopfspannungsschmerzen stammt von BUDZYNSKI u.a. (1970). BIRBAUMER (1974) schildert ausführlich zwei andere hochtechnische Versuchsanordnungen, die den anfänglichen Einsatz von Biofeedback als ein Spezialfall der operanten Konditionierung am Beispiel der Herztätigkeitsbeeinflussung dokumentieren.

Die neue Auffassung, wonach beim Biofeedback überhaupt erst gewisse geistige Aktivitäten die Regulation der physiologischen Vorgänge gestatten und der gesamte apparative Aufwand verzichtbar ist, schlägt sich exemplarisch in der Arbeit von JENCKS (1977) nieder. Sie vertritt die Meinung, es sei vorteilhafter zu erlernen, wie der eigene Körper als ein Biofeedbackinstrument zu nutzen ist:

> Die Menschen der Gegenwart sind motiviert und konditioniert, Dinge zu bekommen statt Dinge zu tun. Biofeedbackgeräte liefern einen unnötigerweise abhängigkeitsfördernden Ersatz für individuelle und einfachere Maßnahmen, die jederman selbst ausführen kann, um auf diese Art zu größerer persönlicher Freiheit und Wohlbefinden zu kommen.

Dies alles geschieht im festen Glauben daran, daß der Körper eine sehr große Fähigkeit zu Neuanpassung und Selbstheilung besitzt, und daß – wenn man es ihm nur erlaubt und ihn dabei angemessen unterstützt – sich der Körper normalerweise am besten selbst zu helfen weiß.

BULLINGER & TURK (1982) erklären eingehend den kognitiv-behavioralen Ansatz der Schmerzimpfung:

> »Schmerzimpfung« stammt vom Begriff der »Streßimpfung« ab, der von JANIS

in Analogie zum medizinischen Prinzip der Immunisierung durch Gabe von minimal toxischen Mengen geprägt wurde.

Im deutschsprachigen Raume wählten KÖHLER & BUDDE (1983) für das Schmerzimpfungstraining den Namen Psychologische Schmerztherapie.

Hypnose

Die Beschreibung der Hypnose gründet auf einer Definition, die ich aus der ichpsychologischen Theorie von FROMM (1977) und aus der Neodissoziationstheorie von HILGARD (1977a,b; SVOBODA, 1985) ableitete. Über die Techniken der Tranceeinleitung, -vertiefung und -beendigung berichte ich ausführlich in dem »Hypnosebuch« (1984). Die Suggestionen zur Handschuhanästhesie gründen auf den Vorschlägen von KROGER (1977); eine bildhafte Version bieten KROGER & FEZLER (1976).

Die Entdeckung des Versteckten Beobachters schildern HILGARD & HILGARD (1975). Die Messung der Hypnotisierbarkeit handele ich im Anhang meines o. g. Buches und in einer späteren Arbeit (SVOBODA & HEHL, 1985) ab. Die hier umfassendste Originalquelle ist sicher The American Journal of Clinical Hypnosis, Band 21, Doppelnr. 2/3, Okt. 78/Jan. 79. Die experimentelle Schmerzreizung, wie im Haupttext dargestellt, bezeichnet man als den Kälteschmerz unter (Zeit)Druck [cold pressure pain]. Daneben gibt es noch eine andere Variante, den Schmerz infolge Blutlosigkeit [Ischämie]. Jener entsteht nach dem Abbinden eines Armes mit anschließenden Kraftübungen – die Versuchsperson muß 20mal an einem Dynamometer drücken, der auf 10 kg eingestellt ist. Dann wartet man eine Weile ab. Der ischämische Schmerz braucht mehrere Minuten, bis er unerträglich wird; der Kälteschmerz steigert sich hingegen innerhalb von Sekunden (HILGARD & HILGARD, 1975). Auf das Thema der Messung von Schmerzen, in den vorliegenden Untersuchungen mit einer Spontanbewertung auf der Skala 0–10 + vorgenommen, werde ich ausführlicher im Kapitel 5 eingehen.

Das automatische Schreiben wurde nur am Anfang der Schmerzexperimente eingesetzt, ebenso wie das Automatische Sprechen. Beide Techniken bringen Verzögerungen mit sich, die zu Datenverzerrungen führen. Der Aufzeichnungsgenauigkeit halber konstruierten die Forscher in der Folgezeit eine kleine Zählmaschine mit zwei Tasten, eine für die Dezimal- und eine für die Einfachzahlen. HILGARD & HILGARD (1975) nennen das Verfahren automatisches Tastendrücken [automatic key pressing].

Die statistischen Zusammenhänge zwischen Hypnotisierbarkeit und hypnotischer Schmerzreduktion stellen HILGARD & MORGAN (1975) fest.

Weitere experimentelle Befunde lauten (HILGARD, 1980): (a) Hypnoanalgesie ist mehr als bloßes Placebo, und (b) Hypnoanalgesie kann nicht alleine durch Entspannungseffekt mit Angstminderung erklärt werden.

Der neurophysiologische Mechanismus der Hypnoanalgesie wirkt offenbar ohne eine Aktivierung des Endorphinsystems, wie GOLDSTEIN & HILGARD (1975) und FINER & TERENIUS (1981) herausfanden.

Die Schätzung, wonach im klinischen Bereich gut 90 % der Schmerzpatienten von Hypnose profitieren können, stammt von SACERDOTE (1978, 1982; laut STERNBACH, 1982b, sind es immerhin noch etwa 80 %). Indirekt bestätigt sie auch J. BARBER (1982) in seinen Ausführungen zum Wesen der hypnotischen Beeinflußbarkeit. Der springende Punkt ist nach seiner wie meiner Meinung die Formulierung der Suggestionen. Ursprünglich hatte man praktisch Befehle erteilt, also sehr direktiv gearbeitet – »Die Augen schließen sich gleich! ... Jetzt sind sie ZU, und Sie sind noch tiefer entspannt.« Es war ERICKSON (mit ROSSI & ROSSI, 1976; ROSSI, 1980), der den Einsatz von indirekten Suggestionen bekanntmachte – »Vielleicht wollen Sie jetzt einfach genießen zu erleben, wie sich die Augen schließen werden – ob sofort, oder langsam, stufenweise, oder ob sie vorher noch einige Male blinzeln, ich weiß es nicht... und wenn Sie es geschehen lassen, mag es sich wirklich sehr gut anfühlen, einfach so da zu sitzen, die Augen geschlossen, noch tiefer entspannt.«

Der Eigenbericht von RAUSCH erschien 1980. Die Klassifizierung hypnotischer Schmerzkontrolltechniken unternahm SVOBODA 1984b. Weitere Gesamtübersichten sind bei J. BARBER (1982) und bei T. X. BARBER (1982) zu finden. SACERDOTE (1977) spricht bei seinen beiden Grundmethoden von hypnotisch hervorgerufenen mystischen (Bewußtseins)Zuständen.

Zu der eindeutig negativen Einschätzung der Meditationseffekte kommt DEGEN (1985) in einem Sammelreferat, der in der gegenwärtig geltenden wissenschaftlichen Tradition verfaßt wurde. Unkonventionelle wissenschaftliche Sichtweise und positive Einstellung gegenüber der Meditiation finden sich z. B. bei PELLETIER (1982), DOSSEY (1984) und WILBER (1984).

Kapitel 4

Mit Meditation gegen Schmerzen

Von Hypnose zu Meditation

Zu Meditation kam ich über Hypnose. Wenn ich heute zurückschaue, fällt mir auf, daß ich zu Beginn kein Vorbild hatte, dessen Meinung ich hätte übernehmen können oder müssen, sondern nur ein unbändiges Verlangen, alles über Hypnose zu wissen. Und weil ich also nicht von vornherein eine feste Meinug darüber besaß, was Hypnose sein darf, stieß ich manchmal auf Übungen und Techniken, als deren Originalquelle sich dann irgendeine Meditation herausstellte. In dieser Weise wurde mein Interesse an meditativen Verfahren geformt. Ich erzähle das hier, damit Ihnen verständlich wird, wieso ich Meditation den selbstsuggestiven Vorgehensweisen zuordne. Sie bedeutet für mich einen Vorgang, bei dem man lernt, geistige Energien zu sammeln, um sie gezielt und zweckgerichtet einzusetzen. Getragen wird dieses Geschehen von positiven Gedanken und positiven Vorstellungen.

Ich möchte betonen, daß diese Auffassung keine allgemein gültige Wahrheit bedeuten soll, sondern meine sehr persönliche Arbeitsgrundlage ist, aufgrund meiner bisher gemachten Erfahrungen.

Wenn man sich nämlich mit dem Begriff Meditation beschäftigt, stellt man rasch fest, daß er sehr unterschiedlich benutzt wird. Die Praxis zeigt dann, daß so gut wie alles erlaubt ist, um die Bewußtseinsversenkung zu erreichen. Um zwei Extreme zu nennen: Während der eine Schüler stundenlang unbewegt sitzen und sich auf einen Gegenstand (z.B. eine Kerzenflamme) konzentrieren muß, gibt sich ein anderer Schüler bestimmten rhythmischen Körperbewegungen (»Tanz«) bis zur Ekstase hin, was gleichfalls mehrere Stunden dauern kann. Nur das Ziel bleibt gleich. Das vernunftbetonte Alltagsbewußtsein soll zumindest vorübergehend auf einen intuitiven Bewußtseinszustand »umgeschaltet« werden.

Wie unterschiedlich die Aussagen der einzelnen Lehren sind, werde ich

Ihnen gleich anhand von Zitaten aus zwei abendländischen Werken aufzeigen. Der eine Autor, Roy DAVIS, vertritt hier die »spirituelle« Meditation, der andere Verfasser, Jack SCHWARZ, befürwortet die »praktische« Meditation. Zunächst DAVIS:

... Meditation ist die absichtliche Lenkung der Aufmerksamkeit auf den klaren Aspekt des eigenen inneren Wesens. Meditation, richtig praktiziert, ist kein Versuch, einen veränderten Bewußtseinszustand zu erfahren. Meditation ist kein Versuch, Probleme zu lösen. Und Meditation ist ganz gewiß kein Ausweichen vor der Wirklichkeit und vor verantwortungsbewußtem Verhalten. Meditation ist die absichtliche Lenkung unserer Aufmerksamkeit auf den klaren Aspekt unseres inneren Wesens, um bewußt in der Erfahrung des Seins zu ruhen.

... Meditation ist keine Autosuggestion. Das heißt, wir sind nicht daran interessiert, das Bewußtsein zu bestimmen. Wir sind daran interessiert, von mentalen Zuständen frei zu werden. Verwechseln Sie Meditation nicht mit Autosuggestion, Selbsthypnose oder mit irgendwelchen anderen Gedankenspielen. Es gibt zwar Gelegenheiten, in denen wir absichtlich Methoden bildhafter Vorstellung anwenden, aber immer nur, um die Gedanken ins Positive umzuschulen und nicht, um sie weiter zu bestimmen.

... Die Meditation ist die Zeit, in der wir bewußt frei sind von irgendwelchen Betrachtungen über Probleme, Ziele oder Beziehungen. Nach der Meditation ist es dann an der Zeit, Probleme zu lösen, Ziele zu setzen, sich über die Beziehungen klar zu werden.

*... Meditation bedeutet, reines Bewußtsein zu erleben.**

Und nun die Auffassung von SCHWARZ:

Meditation ist ein Mittel, das uns im Alltag dabei hilft, Probleme zu lösen und Ziele zu erreichen... Kreative Meditation ist eine aktive Form der Meditation, die als eine bestimmte Übung beginnt, doch schließlich zu einer neuen Lebensweise wird.

... Im folgenden will ich beschreiben, wie sich die aktive und die passive

---

* R. E. Davis: Einfache Einführung in die Meditation. 1982, Bad Homburg: CSA-Verlag

(= geistige) Meditation voneinander unterscheiden, wie die aktive Meditation unsere Kreativität vergrößern kann, und wie der Umgang damit unsere Gesundheit aufrechterhalten kann.

Leute, die passive Meditation praktizieren, werden mit Energie aufgeladen, indem sie sich still und ruhig verhalten und einfach empfangen. Diese Übung führt zuerst oft zu etwas, was humanistische Psychologen als »Gipfelerlebnisse« bezeichnen. Jene werden beschrieben als Erlebnisse von Seligkeit, Freude, Wonne, von erweitertem Bewußtsein oder von tiefer Geistigkeit... Wenn sie weiter meditieren, passieren (mitunter) weniger wünschenswerte Dinge. Sie können sich bedroht fühlen durch überwältigende Gefühle von Entfremdung und Einsamkeit. Visionen von Dämonen und Kämpfe mit beängstigenden Kräften beginnen jene Welt zu füllen, in der sie zunächst den Himmel flüchtig erblickt haben. Zu diesem Zeitpunkt bekommen viele Menschen ihre Zweifel daran, ob sie überhaupt richtig meditieren. Und wenn die Zweifel oder die Ängste zu groß werden, werden diese Menschen wahrscheinlich mit der Meditation aufhören... Was solchen Leuten zugestoßen ist? Sie haben all die Energie in sich hineingelassen, sich aufladen lassen, aber dann haben sie die Energie nicht benutzt. Das Resultat? Die derart gebundene Energie hat sie negativ beeinflußt, zunächst emotional und dann auch körperlich.

Menschen, die nicht in der Lage sind, die negativen Erfahrungen der Meditation mit den Gipfelerlebnissen ineinanderzuführen, haben niemals gelernt, was Meditation wirklich ist. Sie stellen sich vor, daß sie die Meditation der Wirklichkeit oder dem Gott näher bringen oder ihnen innere Ruhe und Stärke geben wird. Aber sie haben ganz bestimmte Erwartungen und Ansprüche darauf, wie diese Erlebnisse beschaffen sein sollten. Von diesem Standpunkt aus wird die passive Meditation zu einer Art von Kult oder Verehrung, und der Verehrer will nur die guten Seiten seines Gottes erfahren. Wenn ein so meditierender Mensch eine Vision erlebt, die positiv wie auch negativ ist – den kreativen und den destruktiven Zyklus des Universums – kommt er damit nicht zurecht. Diesem Problem kann man dadurch begegnen, daß man über die passive Rolle hinausgeht und die Vorstellungen in Meditation gezielt einsetzt.

Kreative Meditation ist nicht jene »nehmende Stille«, die sich die meisten

Menschen unter Meditation vorstellen. Meditation ist die Aktion, in der man ein Mediator (= Mittler) zwischen Gegensätzen wird – zwischen diesseits und jenseits, zwischen dem All und dem Menschen, zwischen positiv und negativ. Wenn ich meditiere, trage ich die volle Verantwortung für die Aufgabe, alles zu integrieren, was während meiner Meditation passiert, ob es nun gut oder schlecht ist. Ich versuche, hinter die gelernte Bewertung zu kommen, die das Bewußte ganz automatisch bei jedem Erlebnis vollzieht, und ich suche nach Wegen, wie ich meine Meditation auf Probleme im Alltag anwenden kann. Meditieren heißt also, ein verantwortungsbewußter Mediator zu sein. *

Sofern ich Meditation und Hypnose als wesensgleich, da bewußtseinserweiternd, auffasse, lasse ich mich durch solche augenscheinlichen Gegensätze nicht mehr beunruhigen. Denn aus dem Umgang mit den verschiedensten hypnotherapeutischen Methoden weiß ich, daß wir immer erst nach der Anwendung sagen können, ob das gewählte Verfahren für einen bestimmten Menschen tatsächlich auch das richtige war. Bei der Meditation fehlt mir aber zu diesem Zeitpunkt noch eine derart tief begründete persönliche Erfahrung. Deshalb berufe ich mich hier auf die Gewißheit von W. Brugh Joy, einem Arzt, der sich jetzt ausschließlich der Meditation widmet. Er erinnert an eine alte medizinische Weisheit. Sie besagt: Wenn es für eine und dieselbe Krankheit mehrere Behandlungsarten gibt, bedeutet es nur, daß kein Mensch etwas Genaues über diese Krankheit weiß. Dem Meditierenden erteilt Joy folgenden Rat:

Befolgen Sie diejenige Methode, die sich bei Ihnen als wirksam erweist. Und falls sie es nicht tut, so haben Sie auch den Mut, Nein zu sagen zu einem Lehrer, sei es ein innerer oder äußerer. **

---

* J. Schwarz: Voluntary controls. 1978, New York: Dutton

** W. B. Joy: Der Weg der Erfüllung. 1985, CH-Interlaken: Ansata

Von der Außenwelt in die Innenwelt

Damit nun wieder zu unserem ursprünglichen Thema zurück. Vereinfacht betrachtet, gründet die meditative Schmerzbeherrschung auf zwei Fertigkeiten. Es sind Gedankenkontrolle (oder Konzentration) und Visualisierung. Beide lassen sich erlernen.

Beginnen wir mit der Gedankenkontrolle, die Sie in die Lage versetzen wird, erwünschte Gedanken von unerwünschten zu trennen und die letzteren aus dem Gemüt zu verbannen. Swami VIVEKANANDA merkt dazu folgendes an:

Von Kindheit an lehrte man uns, allein den Dingen der Außenwelt Aufmerksamkeit zu schenken, nie aber denen der Innenwelt, wodurch die meisten von uns die Fähigkeit zur Beobachtung des inneren Ablaufes nahezu verloren haben. Das Denkorgan gleichsam nach innen zu kehren, es daran zu hindern, sich nach außen zu wenden, und dann alle Kräfte gesammelt auf die seelische Welt selber zu richten, damit die Aufmerksamkeit das eigene Wesen erkenne und sich analysiere, das ist eine sehr schwere Aufgabe. Und doch ist es der einzige Weg, der Sache auf eine irgendwie wissenschaftliche Weise näherzukommen.

Wozu dient eine solche Erkenntnis? Einmal ist Erkenntnis an sich die größte Belohnung ihrer selbst, und zweitens hat sie auch einen praktischen Nutzen. Sie wird uns von allem Leiden befreien ... Diese Erkenntnis ist nur durch eine einzige Methode zu erlangen, nämlich durch Konzentration.

Das Unterfangen ist für den normal erzogenen Erwachsenen gewiß keine einfache Aufgabe. VIVEKANANDA hat dafür einen trefflichen Vergleich:

Wie schwer läßt sich die Denksubstanz, die seelische Welt, beherrschen! Man kann sie mit Recht einem tollgewordenen Affen gleichsetzen. Es war einmal ein Affe, der wie alle Affen von Natur ruhelos war. Zum Überfluß gab ihm jemand auch noch reichlich Wein zu trinken, so daß er noch unruhiger wurde. Danach wurde er von einem Skorpion gestochen. Wenn ein Mensch von einem Skorpion gestochen wird, springt er den ganzen Tag herum. Der Affe befand sich also in einer schlimmeren Lage denn je. Um sein Unglück vollkommen zu machen, fuhr auch noch ein Dämon in ihn. Wer beschreibt die unbezähmbare Unrast dieses Affen? Der menschliche Geist ist, wie dieser Affe, seiner Natur nach unbeständig in Tätigkeit. Dazu wird er trunken vom Wein der Begierde, was seine Unrast noch steigert. Nachdem die Begierde sich seiner bemächtigt hat, kommt der Skorpionstich des Neides auf den Erfolg anderer, und schließlich packt der Dämon des Stolzes diesen Geist, so daß er sich ungeheuer wichtig vorkommt. Wie schwer ist die Beherrschung eines solchen Geistes!

*Das erste, was gelernt werden muß, ist deshalb, sich eine Weile ruhig hinzusetzen und den Gedanken freien Lauf zu lassen. Die Denksubstanz schäumt immerwährend über. Sie gleicht jenem umherspringenden Affen. Lassen Sie den Affen nur springen soviel er mag. Warten Sie einfach ab und sehen Sie dem zu. Wissen ist Macht, sagt das Sprichwort, und das stimmt. Solange Sie von der Tätigkeit der Denksubstanz keine Ahnung haben, können Sie sie auch nicht beherrschen. Lassen Sie ihr ruhig die Zügel schießen . . . Sie werden finden, daß die Launen der Denksubstanz immer mehr an Heftigkeit verlieren, daß sie mit jedem Tage ruhiger wird.**

Auf den nachfolgenden Seiten will ich Ihnen Möglichkeiten aufzeichnen, Ihre gegenwärtige Konzentrationsfähigkeit zu überprüfen und Wege zu finden, sie weiter zu entwickeln.

Doch bevor Sie den Blick nach innen lenken, muß ich Sie auf eine grundlegende Tatsache aufmerksam machen: Die Zeit, die Sie den Übungen widmen, ist auf jeden Fall eine gewonnene Zeit!

* Sw. Vivekananda: Raja-Yoga. 1978[5], Freiburg/Br.: Bauer

Viele von uns werden nämlich am Anfang automatisch vom schlechten Gewissen bedrängt, das ihnen einflüstert, wie töricht und verschwenderisch man sich benehme, wenn man die Zeit »tatenlos« verstreichen läßt. Diese innere Stimme ist nichts anderes als die Stimme der Gesamtheit aller Menschen, die einen je erzogen. Zu immer neuen sichtbaren Taten zwingt man sich also nicht seinetwegen, sondern wegen der anderen. Der Außenwelt erscheint es als vernünftig, die betroffene Person lenkt es aber von ihrer eigentlichen Aufgabe, erfülltes Leben zu führen, ab.

Die Zeit ist zu wertvoll, um sie nur in der äußeren Wirklichkeit zu verbringen. Versuchen Sie deshalb eine der nachfolgenden Übungen. Erscheinen sie Ihnen zu umständlich oder zu zeitraubend, gehen Sie ruhig weiter (um später zurückzukehren).

Wege zur Konzentration

Den Gedankenlauf bestimmen

Machen Sie es sich im Liegen oder im Sitzen ganz bequem. Schließen Sie die Augen und überprüfen Sie noch einmal die Körperhaltung. Sie können sie jederzeit verändern, ohne dadurch in der Übung gestört zu werden.

Nun beobachten Sie wie ein stiller Zuschauer fünf Minuten lang Ihre Gedanken und versuchen Sie, ihren Lauf vollständig zu behalten. In der ersten Zeit werden Sie sich einem wahren Gedankensturm ausgesetzt sehen. Egal welche Dinge dabei zutage treten, bleiben Sie stets persönlich unbeteiligt und registrieren Sie alles. Es hängt außerdem von der augenblicklichen Stimmungslage ab, ob Ihnen die Übung gerade besser oder schlechter gelingen wird. Solche Schwankungen sind nichts Ungewöhnliches. Machen Sie sich einfach zur Pflicht, dem Gedankenlauf stets unvoreingenommen zu folgen. Falls Sie bei der Übung müde und schläfrig werden, brechen Sie besser gleich ab und wiederholen Sie sie ein anderes Mal.

Nach und nach verlängern Sie die Übung um eine Minute, bis Sie imstande sind, zehn Minuten lang die eigenen Gedanken ohne jede Abschweifung zu kontrollieren.

Es ist üblich, daß zu Beginn die Gedanken rasend schnell vorbeieilen. Dem Übenden fällt es dann wirklich sehr schwer, sie alle wie gefordert zu behalten. Von Übung zu Übung verlangsamt sich jedoch die Geschwindigkeit, mit der die Gedanken sich gegenseitig ablösen. Schließlich erreichen nur noch wenige Ideen das Bewußtsein.

Eine mögliche Fortsetzung dieser Übung besteht darin, an einem einzigen Gedanken festzuhalten. Sie beginnen also damit, daß Sie sich bewußt für eine beliebige positive Idee entscheiden. In den nächsten fünf Minuten sollen Sie alle anderen Gedanken abweisen. Auch diese Stufe praktizieren Sie so lange, bis es Ihnen gelingt, den selbst gewählten Gedanken ohne die kleinste Unterbrechung zehn Minuten lang zu denken.

Bei der gerade vorgestellten Übung wie auch bei den zwei anderen können Sie den persönlichen Übungserfolg auch mit Hilfe einer Knotenschnur oder Perlenkette messen. Sie muß 30–40 Knoten/Perlen haben und Sie halten sie an einem Ende zwischen dem Daumen und dem Zeige/Mittelfinger fest. Mit jedem Gedankensprung greifen Sie einen Knoten/eine Perle weiter. Auf diese Art können Sie genau sehen, wieviele Störungen während einer Konzentrationsübung auftraten.

Den Atem zählen

Setzen Sie sich aufrecht vor eine leere Wand. Halten Sie die Augen offen. Nachdem der Körper eine bequeme Stellung gefunden hat, beginnen Sie den eigenen Atem zu zählen. Sie atmen ruhig ein und aus, ohne anzuhalten, und zählen die Atemzüge von 1 bis 10. Sie können auch die Zahlen auf die Wand vor sich projizieren. Nach dem zehnten Atemzug beginnen Sie vom neuen bei 1 und so fort. Alle anderen Gedanken lassen Sie möglichst aus dem Bewußtsein verschwinden. Nur der Atem und die Zahlen sind wichtig. Die Mindestzeit liegt bei 5 Minuten, nach und nach dehnen Sie die Übung auf 20–30 Minuten aus.

Den Gedankenzug vorbeilassen

In bequemer Körperhaltung, die Augen geschlossen, denken Sie an den Horizont: eine dünne, gerade Linie zwischen Erde und Himmel, weit entfernt. (Anstelle des Horizontes kann es auch ein Regenbogen sein.) Konzentrieren Sie sich jetzt darauf, wie Sie auf die Linie zugehen. Der Strich wird immer breiter und seine Farbe/n klarer. Schließlich füllt er Ihr ganzes Sichtfeld aus. Betreten Sie ihn und verbringen Sie 20–30 Minuten darin.

Unterwegs müssen Sie mit plötzlichen Gedankenzügen rechnen. Gewöhnen Sie sich sofort an, die Gedankenzüge genauso wie die Züge der Eisenbahn zu behandeln. Stellen Sie sich also niemals dagegen, denn Sie würden glatt überrollt werden. Stellen Sie sich einfach daneben und lassen Sie den Zug an sich vorbeirasen. Schauen Sie unbeteiligt zu, bis der letzte Wagen die Sicht wieder freigibt. Dann überqueren Sie den Gleis und der Horizont ist nähergerückt.

Mit der Zeit werden Sie erleben, daß die Züge kürzer sind, daß sie seltener fahren, und daß die Gleise weniger sind. Noch später werden Sie vielleicht einen einzigen Gedankenzug abfahren lassen, und dahinter wartet schon der alles umfassende Horizont.

Das Schärfen der Sinne

Das waren drei verschiedene Übungen zu Gedankenkontrolle. Insbesondere die dritte beinhaltet intensive Visualisierungen (= lebhafte Vorstellungen). Normalerweise sind die Übungstexte für das Auge bestimmt – Sie werden stets aufgefordert, im Geiste dies und jenes zu »sehen«. Das Sehen ist jedoch nur eine Möglichkeit, wie sich die Vorstellung realisieren läßt. Die anderen inneren Sinne sind nämlich gleichwertig. Das Hören, das Riechen, das Schmecken und das körperliche Fühlen, sie alle lassen sich ebenfalls in der Vorstellung aktivieren. Natürlich erfordern Visualisierungsübungen ihrerseits ein gerütttetes Maß an Konzentration. Davon können Sie sich mit dem nächsten Versuch überzeugen.

Der Apfel

Legen Sie einen Apfel etwa einen halben Meter von sich weg auf den Boden oder auf einen niedrigen Tisch. Es ist ein sehr hübscher Apfel, mit fester, schimmernder Haut. Stellen Sie ihn so ins Licht, daß Sie ihn ganz genau betrachten können.

Ihre erste Aufgabe ist, den Apfel mit möglichst allen Sinnen zu erfahren. Beginnen Sie mit dem Sehen. Konzentrieren Sie sich auf das Aussehen des Apfels: Wie groß ist er? Welche Form hat er? Wie ist seine Haut beschaffen? Welche Farbtöne entdecken Sie darauf? ... Urplötzlich mag Ihnen eine Delle auf der Stelle auffallen, wo der Apfel wohl auf die Erde aufschlug, als Sie an dem Aste des Baumes schüttelten. Wissen Sie noch, wie das genau war? An einer anderen Stelle hatte es vielleicht ein Vogel mit seinem spitzen Schnabel angepickt; das offengelegte Fruchtfleisch, ursprünglich cremeweiß, dunkelte in der Zwischenzeit nach.

Dann schließen Sie die Augen und nehmen den Apfel in eine Hand. Spüren Sie sein Gewicht, indem Sie ihn leicht auf- und abwiegen, und fühlen Sie, wie die Haut trotz ihrer Festigkeit bei einer stärkeren Berührung weich nachgibt. Halten Sie den Apfel gegen eine Wange – wie kühl und glatt seine Haut doch ist. Führen Sie ihn an die Lippen und fahren Sie sachte mit der Zungenspitze über die Haut. Riechen Sie den frischen, süßlichen/säuerlichen Duft?

Zur Fortsetzung legen Sie den Apfel auf den Boden zurück und wiederholen Sie bei geschlossenen Augen alle Eindrücke, die Sie soeben machten. Darüber hinaus können Sie noch andere Eindrücke aktivieren: den bitteren Geschmack eines aufgebissenen Apfelkernes; das Geräusch und die Empfindung im Mund beim Anbeißen des Apfels; die Biegsamkeit des Apfelstiels.

Eine andere Erweiterung der Übung kommt dadurch zustande, daß Sie sich in allen Einzelheiten vergegenwärtigen, wie der Apfel vom Frühjahr bis zum Herbst wuchs.

Wenn Ihnen während der Übung überflüssige Gedanken kommen, schieben Sie sie sanft beiseite und beschäftigen Sie sich erneut mit dem Apfel. Die Dauer der Übung liegt bei 20–30 Minuten.

Der Vorhang mit Zahlen

Schließen Sie die Augen und stellen Sie sich einen schwarzen Vorhang vor. Er ist ganz glatt und füllt Ihr Sichtfeld vollständig aus. Dann entdecken Sie, daß Ihre Hände auf einem Behälter ruhen. Darin sind die Zahlen 1–100 gestapelt. Jede Zahl ist wohlgeformt, von goldener Farbe und gestochen scharf.

Nun befestigen Sie die Zahlen eine nach der anderen an dem Vorhang. Jede muß dort fünf Sekunden lang unbewegt hängen. Dann dürfen Sie sie abnehmen.

Neben dem Vorhang und den Zahlen sehen/spüren Sie im Geiste Ihre Hände und die Nadel zum Anstecken der Ziffern.

Die fünf Sinne

Legen Sie drei bis fünf verschiedene Gegenstände auf den Tisch vor sich, z.B. einen Löffel, einen Kugelschreiber, eine Tasse und einen Würfel. Richten Sie den Blick für eine Weile auf einen der Gegenstände.

Prägen Sie sich seine Farbe und Form genau ein. Daraufhin schließen Sie die Augen und finden den Gegenstand im Geiste wieder. Das innere Bild soll in allen Details wirklichkeitsgetreu sein. Wenn sich die Vorstellung auflöst, öffnen Sie die Augen und wiederholen den ganzen Vorgang.

Mag der Erfolg anfangs auch nur Sekunden währen, mit zunehmender Übung wird er stets dauerhafter. Wenn Sie beim ersten Gegenstand müde wurden, wechseln Sie zum nächsten über.

Beginnen Sie mit insgesamt zehn Minuten und dehnen die Dauer der Übung allmählich auf eine halbe Stunde aus. Sind Sie imstande, im Geiste einen Gegenstand störungsfrei fünf Minuten lang zu sehen, ist die Übung erfüllt.

Als nächstes kommt das Gehör an die Reihe. Stellen Sie sich zunächst vor, daß Sie ein Ihnen aufs beste vertraute Geräusch hören, wie das Ticken einer Uhr, einen Gongschlag, das Fließen eines Baches, den Klang eines Musikinstrumentes und so fort. Sofern notwendig, hören Sie sich das Geräusch zum Anreiz in Wirklichkeit an. Dann stellen Sie es ab und finden es in der Vorstellung.

Dort halten Sie den Ton, Klang oder Laut fest. Verschwindet er, so holen Sie ihn sofort in Ihrer Vorstellung zurück. Sind Sie imstande, im Geiste ein Geräusch störungsfrei fünf Minuten lang zu hören, ist die Übung erfüllt.

Nun folgt die Körperempfindung. Vergegenwärtigen Sie sich im Geiste einige unterschiedliche Befindlichkeiten wie Wärme/Kälte, Schwere/Leichtigkeit, Trockenheit/Feuchtigkeit und ähnliche mehr. Falls nötig, erzeugen Sie zunächst die Empfindung mit dem passenden physikalischen Hilfsmittel (z.B. Warm-/Kaltwasser). Dann entfernen Sie es und verfolgen das Gefühl nur in der Vorstellung weiter.

Dort halten Sie die Befindlichkeit fest. Sind Sie imstande, im Geiste ein Gefühl fünf Minuten lang zu spüren, ist die Übung erfüllt.

In gleicher Weise verfahren Sie auch mit dem Geruch und schließlich mit dem Geschmack.

Selbstverständlich üben Sie immer nur eine Sinnesvorstellung. So werden die ersten Tage/Wochen dem inneren Sehen gewidmet, die darauf folgenden Tage/Wochen dem inneren Hören usw., bis Sie alle fünf Sinne durchgeübt haben.

Auch dann, wenn Sie es noch auf keinen Selbstversuch ankommen ließen, haben Sie jetzt schon einen konkreten Einblick in das Wesen und die Wege der Meditation. Ich glaube, die ausgewählten Übungen zeigen deutlich, daß für die Meditation Fähigkeiten benötigt werden, die grundsätzlich jedem Menschen zur Verfügung stehen.

Die bedingungslose Hingabe

Bei einer Meditation gegen Ihre Schmerzen benutzen Sie die Konzentration und Imagination genauso wie ein Handwerker seine Werkzeuge benutzt. Die Grundlage dafür liefert eine uralte Erkenntnis, die man ganz bewußt in den Yoga-Übungen pflegt. Danach löst die Konzentration und Imagination auf einer bestimmten Stelle alle vorhandenen Energieblokkierungen (d.h. Verkrampfungen und Schmerzen) auf. Ein besonders markantes Beispiel für diese Verfahrensweise ist die fremdgeleitete Behandlung von Spannungskopfschmerzen durch die »Bedingungslose Hingabe«.

Während einer Gruppentherapie in meiner Praxis sprachen wir über die psychosomatischen Auswirkungen von Streß. Als ich darauf hinwies, daß seelische Belastungen und Probleme jeglicher Art zu ganz konkreten körperlichen Störungen wie Spannungskopfschmerzen führen können, meldete sich spontan eine ältere Dame. Sie wisse das schon seit langem, sagte sie, aber sie habe noch kein Gegenmittel gefunden. Und die Kopfschmerzen seien gerade wieder so überwältigend, daß sie dem Gespräch kaum folgen könne. Also bat ich sie, mir die Schmerzen zu beschreiben:

Th. = Therapeut, P. = Patient

Th.: In Ordnung. Schließen Sie jetzt die Augen und konzentrieren Sie sich auf das Gefühl im Kopf. Haben Sie es?

P.: (zögernd) Ja.

Th.: Welche Farbe hat es?

(nach kurzer Pause) Rot.

Th.: Welche Größe?

P.: Groß.

Th.: Groß wie was?

P.: Wie ein Felsbrocken.

Th.: Fein. Es ist rot und so groß wie ein Felsbrocken. Mehr kalt oder mehr warm? (= Temperatur)

P.: Weiß ich nicht.

Th.: Mehr rauh oder mehr glatt? (= Oberfläche)

P.: Spitz.

Th.: Mehr weich oder mehr fest? (= Beschaffenheit)

P.: Weiß ich nicht.

Th.: Gut. Es ist also ein roter spitzer Felsbrocken. Stimmt es?

P.: Ja. Und es dreht sich.

Th.: Wunderbar. Ein roter spitzer Felsbrocken, der sich dreht. Ist es alles?

P.: Ja.

Th.: Gehen Sie noch näher heran! Wie ist die Farbe jetzt?

P.: (erstaunt) Es strahlt.

Th.: Welche Farbe?

P.: Keine – es strahlt . . . wie ein Edelstein.

Th.: Wie groß?

P.: Etwas kleiner als der rote Stein.

Th.: Dreht es sich noch?

P.: Ja . . . ganz schnell um die eigene Mitte.

Th.: Ist es noch spitz?

P.: Weiß ich nicht.

Th.: Wunderbar. Ein funkelnder Edelstein, der sich ganz schnell um die eigene Mitte dreht. Gehen Sie noch näher heran – ganz nahe! Haben Sie es?

P.: Komisch.

Th.: Was?

P.: Es sind plötzlich drei ganz kleine Edelsteine, die so schön glitzern.

Th.: Wissen Sie schon, was Sie mit solchen Edelsteinen anfangen möchten?

P.: Ich hätte sie gerne am Ring.

Th.: Haben Sie den Ring?

P.: Ja.

Th.: Fein. Setzen Sie sie doch da ein . . . Haben Sie es?

P.: Ja.

Th.: Und dann kommen Sie einfach zurück.
P.: (öffnet langsam die Augen)
Th.: Was macht der Kopfschmerz?
P.: (fassungslos) Der ist weg!

Die derart erzielte Schmerzfreiheit ist selbstverständlich von unterschiedlicher Dauer. Manchmal währt sie kaum über die Übung hinaus, in anderen Fällen hingegen hält sie offenbar unbegrenzt lange an. Den Grund dafür vermute ich im Grad der persönlichen Erkenntnis. Mit anderen Worten, je klarer die Einsicht eines Menschen in den Sinn des eigenen Leidens ist, desto weniger psychische Energie wird für die Umwandlung benötigt und desto nachhaltiger ist die Veränderung.

Ken KEYES beispielsweise erweiterte die oben beschriebene Übung der Aufmerksamkeitslenkung auf die Schmerzen eben um einen solchen Aspekt der Einsichtsgewinnung. In seinen Seminaren bittet er die Gruppenmitglieder, die Schmerzen haben, die Augen zu schließen und im Geiste eine Schultafel zu finden. Unter der Vorstellung, die Finger halten/ seien ein Stück Kreide, beginnen dann die Teilnehmer, mit einer Hand die Umrisse der Schmerzstelle in die Luft zu zeichnen. Die Aufgabe lautet, nicht aus dem Gedächtnis zu malen, sondern aus der unmittelbaren Beobachtung: »Tue nichts anderes, als daß Du den Schmerz unmittelbar erfährst. Denke nicht daran, wie er aussieht, sondern beobachte und zeichne ihn jetzt auf!« Wenn der eine Arm müde wurde, kann der Teilnehmer ohne weiteres den anderen Arm nehmen. Im Laufe der Sitzung betont KEYES immer wieder die Notwendigkeit, sich an die Schmerzen nicht zu erinnern, sondern sie unbeteiligt zu beobachten. Jede Erinnerung an das Unangenehme und an Schmerzen aktiviert nämlich bei einem normalen Menschen das zwanghafte Verlangen nach dem Gegenteil. Der Mensch will Freude und Glück – und will also von Schmerzen am besten gar nichts wissen. Nun, hier ist der Angelpunkt: Denn Schmerzen können nur in dem Maße an persönlicher Bedeutung gewinnen, in dem man sie ablehnt. Und wem es gelingt, das Begehren, keine Schmerzen haben zu dürfen, aufzugeben, der gibt im selben Augenblick zumindest einen großen Teil seiner Schmerzen auf.

Der Sinn des Leidens

Der Sinn, den eine Krankheit für den einzelnen haben mag, wird sehr unterschiedlich bewertet, wie schon das vorherige Kapitel zeigte. In der akademischen, psychologisch-medizinischen Sichtweise wird hinter der Krankheit normalerweise eine unlautere, oft unbewußte Absicht des Patienten vermutet, durch das Gebrechen zu einem persönlichen Vorteil gelangen zu wollen. Diese Einstellung äußert sich in Begriffen wie »Krankheitsgewinn« oder »Schmerzspiele«.

In der Meditation maßt man sich solche vorgefaßte negative Meinung über den Patienten nicht an. Statt dessen betrachtet man seine gegenwärtig mißliche Verfassung als eine unerläßliche und unersetzliche Lebenserfahrung, die eine neue persönliche Wachstumsphase einleitet. So bekommt in der Meditation jede Erkrankung einen tieferen Sinn:

> *»Eine Krankheit ist nichts anderes als der Hinweis darauf, daß wir immer noch ganz wichtige Lektionen im Leben zu lernen haben beziehungsweise gewisse Bindungen an materielle Dinge oder an Personen lösen müssen.«**

---

* T. Johanson: The vital purpose of suffering. Audio-Cassette. Bezugsquelle s. Anmerkungen, S. 128

Die Beobachtung ohne innere Teilnahme

Jede Krankheit und jeder Schmerz ist ein Konflikt, und das heißt, ein Energiestau. Deshalb beginnen auch viele Meditationen mit der eindeutig formulierten Aufgabe, den inneren Kampf zu beenden. Dann – und erst dann – wird im Gesamtorganismus jene Ruhe und Gelassenheit einkehren, welche die unabdingbare Voraussetzung für eine ganzheitliche Gesundheit bedeutet.

Das Prinzip ist also denkbar einfach, seine Umsetzung in die äußere, materielle Wirklichkeit bedarf aber einer nicht zu unterschätzenden Anstrengung und eines unerschütterlichen Durchhaltevermögens. Der Skeptiker hat wieder einmal die Gelegenheit zu sagen: Das Ganze sei nur ein Wunschdenken und so gehe es nun mal wirklich nicht.

Die Meditationslehrer Jack SCHWARZ und Roy DAVIS behaupten ebenfalls die Notwendgkeit des inneren Freiwerdens, um zu maßgeblichen positiven Lebensänderungen gelangen zu können. Sie lehren die Beobachtung ohne innere Teilnahme, bei der das »höhere« Selbst das »niedere« Selbst überwacht und gegebenenfalls korrigiert. Zur Erinnerung: Viele Menschen erkennen praktisch nur das eigene materielle, bewußte Wesen an. Das aber ist fast pausenlos von der Angst besessen, das nicht zu bekommen, was es haben will, oder das zu verlieren, was es hat. Wer nun den inneren Frieden anstrebt, dem bleibt eigentlich keine andere Wahl als die gezielte Einflußnahme auf die negativen Fixierungen des »niederen« Selbst. Dafür eignet sich vorzüglich die folgende Übung:

Am Abend, bevor du meditierst (oder einschläfst), entspanne und wende dich nach innen. Durchlebe vor deinem geistigen Auge die wichtigsten Episoden des Tages vom Moment deines

Aufwachens an bis zum gegenwärtigen Augenblick. Prüfe kritisch die Szenen in diesem »Film« in der Reihenfolge der Ereignisse. Sollten Erlebnisse auftauchen, die mit schmerzlichen Erinnerungen und Gefühlen verbunden oder mit irgendeiner anderen unerwünschten Emotion wie Ärger oder Enttäuschung beladen sind, so durchlebe diese Vorkommnisse so, wie du wünscht, daß sie sich ereignet hätten.

Mache dies mit positiven Gefühlen. Du löschst nicht die Erinnerung des gegenwärtigen Ereignisses, aber du neutralisierst die Empfindung, die mit der Erinnerung verbunden ist. So siehst du später den Inhalt deines Unterbewußtseins mit anderen Augen an und bist nicht mehr mit emotionalen Belastungen behaftet. Du kannst diese Methode auch anwenden, um die mit einer beliebigen Situation der Vergangenheit verbundenen schmerzvollen Erinnerungen zu überwinden, ob sie sich nun letzte Woche, im letzten Jahr oder vor vielen Jahren ereignet haben.

Du siehst, es ist nur die aufgespeicherte Emotion, die unsere Lebenskraft schwächt und uns veranlaßt, in gegenwärtig ähnlichen Umständen unklug zu reagieren. Wenn im Unterbewußtsein durch diese Erinnerungsbilder Energie blockiert ist, bedeutet es, daß unsere Energieversorgung abnimmt. Speichern wir viele schmerzhafte Erinnerungen, verlieren wir das Interesse am Leben und möchten uns zurückziehen oder gar sterben.*

Jack SCHWARZ rät außerdem, von Beginn an mit der Vorstellung eines Doppelgängers zu arbeiten. Er begründet es damit, daß erst diese Vorstellung es dem Menschen überhaupt erlaubt, tatsächlich den erwünschten Abstand zu sich selbst (= wie man jetzt ist und nicht mehr sein will) zu

---

* R. E. Davis: Wahrheitsstudien. 1979, Bad Homburg: CSA-Verlag

finden und radikale Änderungen in die Wege zu leiten. Er nennt den Vorgang »Sich mit der eigenen Persönlichkeit disidentifizieren«. Das erklärte Ziel ist die innere Nicht-Anteilnahme. Jene Gemütshaltung bedeutet, daß man sich einer Sache vollständig hingibt, ohne davon im geringsten beeinflußt oder berührt zu sein. Mit anderen Worten, man tut etwas mit grenzenloser Begeisterung ohne jegliche Erwartung.

Soweit die für den Neuling wesentlichen Grundgedanken. Bei der Schmerzüberwindung durch Meditation bewähren sich gut einige Standardübungen, die erfahrungsgemäß im Laufe der Zeit immer persönlicher werden. Vier davon will ich Ihnen in allen Einzelheiten vorstellen. Falls Sie bereits beim Durchlesen innerlich wissen, die eine Technik sei genau das, was Sie schon immer suchen, bleiben Sie bei ihr und arbeiten Sie täglich damit.

Meditationstechniken zur Schmerzüberwindung

Die Energie-Atmung

1. Sie sitzen aufrecht auf einem Stuhl oder liegen flach auf dem Boden. Zur Einstimmung konzentrieren Sie sich für eine Weile auf den Atem. Atmen Sie langsam durch die Nase, ohne sich zu einem bestimmten Rhythmus zwingen zu müssen. Vielmehr folgen Sie im Geiste dem Atem, lassen Sie sich von ihm tragen, lassen Sie sich mit ihm eins werden. Der Atem ist ruhig und gleichmäßig. Er fließt Ihnen zu, und Sie brauchen es nur geschehen zu lassen.
2. Dann lenken Sie Ihre Aufmerksamkeit auf die Einatmung. Die meisten Menschen empfinden dabei eine gewisse Kühle, Leichtigkeit, Helligkeit – und auch Energiezunahme. Versuchen Sie nun, die Energie zu fühlen. Stellen Sie sich vor, wie die Energie mit jeder Einatmung in Sie eindringt. Nehmen Sie sich die Zeit, die Sie dafür benötigen.
3. Gelingt es Ihnen, die Atemenergie wahrzunehmen, verändern Sie das Atemmuster. Nach der Einatmung halten Sie die Luft 3–4 Sekunden an. Stellen Sie sich vor, wie sich die Energie in der Brust sammelt.
4. Bei der Ausatmung senden Sie nun die Energie in den Körper hinein, und zwar zu jener Stelle, wo Sie Schmerzen haben. Als Faustregel gilt, daß etwa zwanzig gut ausgeführte Atemzüge

genügen, um einen Schmerz deutlich zu lindern oder aufzulösen.

Es kommt auch vor, daß die Energie als pures weißes Licht erscheint, das Sie mit der Einatmung von außen aufnehmen, als würden Sie eine Wolke inhalieren.

Die Lichtübung

1. Sie sitzen aufrecht auf einem Stuhl oder liegen auf dem Rücken. Beide Hände halten Sie gewölbt über dem Solar plexus (Magengrube), die Fingerrücken zueinander gekehrt, die Fingerspitzen berühren den Solar plexus leicht. Schließen Sie die Augen und lassen Sie den Atem ruhig und gleichmäßig werden.
2. Konzentrieren Sie sich im Geiste auf die lebensspendende Energie der Sonne. Stellen Sie sich vor, wie das weiße Licht der Sonne mit der Einatmung in den Solar plexus fließt. Dort strömt es durch die Fingerspitzen in die Hände ein und lädt sie mit der Lebenskraft auf.
3. Halten Sie den Atem an, und – bei Kopfschmerzen – legen Sie die Fingerspitzen leicht auf die Stirn. Bei anderen Schmerzen berühren Sie den Körper eben an jener Stelle, die den Schmerzen am nächsten liegt.
4. Atmen Sie langsam aus und erleben Sie im Geiste, wie das Licht aus den Fingerspitzen durch die Stirnmitte in den Kopf eindringt, bis der Kopf von dem Licht erfüllt ist.
5. Halten Sie erneut den Atem an und führen Sie die Hände zum Solar plexus zurück.

Die Übung soll einundzwanzigmal wiederholt werden. Dann muß eine Pause eingelegt werden. Anschließend können weitere Wiederholungen folgen.

Bei einer Variante dieser Übung wird empfohlen, sich nicht nur vorzustellen, wie das Licht den Kopf füllt, sondern es soll durch die Stirn am Ende der Ausatmung wieder hinausströmen.

Neben der Vorstellung, das Innere der Sonne zu erblicken, bewährt sich ebenfalls das geistige Bild einer endlosen weißen Schneefläche oder einer Wasseroberfläche im Sonnenglanz.

Die Schmerzgestalt

1. Konzentrieren Sie sich ohne innere Anteilnahme auf den Schmerz. Schauen Sie sich seine Farbe, Form und Größe an; erspüren Sie seine Beschaffenheit, Oberfläche und Temperatur; vielleicht hören, schmecken und riechen Sie ihn auch noch. Beispiel: ein zentnerschwerer, leuchtend gelber Tennisball im Knie.
2. Nehmen Sie den Ball im Geiste aus dem Körper heraus und legen Sie ihn zwei bis drei Meter entfernt hin.
3. Lassen Sie den Ball wachsen. Er ist jetzt so groß wie ein Fußball. Lassen Sie den Ball schrumpfen. Er ist jetzt so groß wie eine Erbse. Nun lassen Sie den Ball im Geiste los. Anfangs kehrt er meist zu seiner Originalgröße zurück.
4. Verändern Sie seine anderen Eigenschaften. Auch hier lassen Sie am Ende jeder Änderung im Geiste los.
5. Bringen Sie den Ball in den Körper zurück. Achten Sie darauf, ob irgendwelche Änderungen der Schmerzgestalt

bestehen bleiben oder nicht. Stellen Sie fest, ob die Schmerzen nachließen oder nicht. Finden Sie heraus, auf welche Eigenschaftsumwandlung die Schmerzen mit Abnahme ansprechen, und benutzen Sie diesen Weg in den späteren Übungen. D. h. in der Folgezeit lassen Sie die Gestalt/Eigenschaftsänderung nicht mehr im Geiste los, sondern Sie wollen sie behalten.

6. Beenden Sie die Übung mit Vorfreude auf die nächste Meditation und gleichzeitig in der Bereitschaft, sofort die gewohnte Tätigkeit aufzunehmen.

In einer Variante dieser Übung führen Sie sich einen großen bunten Ball innerlich vor Augen. Die Farbe des Balles entspricht Ihrer momentanen Schmerzempfindung. Halten Sie den Ball in Ihren Händen und stellen Sie sich vor, daß er immer kleiner wird. Schließlich werfen Sie ihn weg.

Die Schaltzentrale

Zählen Sie im Geiste von 1 bis 10, je eine Zahl beim Ausatmen. Benutzen Sie die Vorstellung einer Treppe, die zu einer Tür hinabführt. Mit dem zehnten Atemzug öffnen Sie die Tür und betreten einen Innenraum, die Schaltzentrale.

Der Raum ist mit einem Schaltpult ausgestattet, welcher je nach Ihrem persönlichen technischen Wissen entweder sehr schlicht – gerade ein Drehknopf, ein Schieberegler, ein Schalthebel und ähnliches – oder hochkompliziert gestaltet sein mag.

Vor dem Schaltpult steht ein Stuhl. Sie nehmen auf ihm Platz und setzen den Steuerungsmechanismus für Schmerzkontrolle in Gang. Falls Sie mit dem Mechanismus nicht vertraut sind, müssen Sie natürlich die ersten Übungen mit seiner Erforschung verbringen.

Es ist durchaus möglich, daß Sie sich in dem Innenraum anfangs nicht zurechtfinden. Vielleicht ist überhaupt kein Schaltpult, nicht einmal ein Kippschalter vorhanden; vielleicht sind so viele Instrumente und Geräte da, daß Sie sich plötzlich überfordert und handlungsunfähig vorkommen; vielleicht verstehen Sie sich in der Bedienung der Schaltzentrale, doch trotz allen Bemühungen bleiben die Schmerzen unverändert.

Nun, Sie können jederzeit einen oder zwei (männlich/weiblich) »Innere Ratgeber« kreieren, die Ihnen weiterhelfen werden.

Der einfachste Weg zum Inneren Ratgeber ist, sich in dem Innenraum ruhig zu verhalten, den Blick auf die Eingangstür gerichtet. Früher oder später wird sie aufgehen, und es wird ein Lebewesen (Mensch/Tier/Pflanze) hereintreten. Fühlen Sie sich in seiner Gegenwart sicher und wohl, dann ist es der Innere Ratgeber (andernfalls haben Sie die Macht, die Erscheinung wegzuschicken). Fragen Sie ihn nach seinem Namen und bitten Sie ihn um Hilfe bei Ihrem Problem.

Der Innere Ratgeber ist nichts anderes als jener Teil der eigenen Persönlichkeit, der das nicht-rationale Wissen (= intuitive Lebenserfahrung) verkörpert. Die Kontaktaufnahme mag auch mehrere Sitzungen in Anspruch nehmen, was nicht verwunderlich ist, wenn Sie diesen Teil Ihres Selbst vielleicht schon jahrzehntelang vernachlässigten.

Zur Beendigung der Übung brauchen Sie lediglich die Treppe hochzusteigen. Dabei zählen Sie im Geiste von 10 bis 1, je eine Zahl beim Einatmen.

Das positive Denken – die Bejahung

Es fällt Ihnen sicher auf, daß die Methoden vom Denkmuster her einander sehr ähneln. Sie alle bauen auf der inneren Haltung, die allgemein als *positives Denken* bekannt ist. Nach dem, wie ich mittlerweile das positive Denken erlebe, beruht es auf dem festen Glauben an eine universelle schöpferische Macht (auch kosmisches Bewußtsein oder Gott genannt), welche jedem Menschen zu dem für ihn wichtigen Lebenserfolg verhilft – wenn er es nur erlaubt! DAVIS formuliert es in einem Leitsatz folgendermaßen: »Es gibt eine Kraft, die das Universum lenkt, und wir können lernen, mit ihr zusammenzuarbeiten.«

Diese schlichte Behauptung kommt am deutlichsten in einer besonderen Form der Heilmeditation zum Ausdruck, welche ich abschließend besprechen will. Es ist die *Bejahung*. Eine Bejahung ist die Folge der sinnvollen Bemühung, Gedanken, Worte und Gefühle in Übereinstimmung zu bringen, um bestimmte Ergebnisse zu erzielen. Wir wählen eine Formulierung, die unser Ideal beinhaltet, d. h., wir arbeiten dabei von der Erfüllung des idealen Zustandes her. Für Gesundheit beispielsweise eignet sich die Bejahung: »Ich bin jetzt im Vollbesitz meiner natürlichen Kräfte. Ich bin strahlend, lebensvoll und in allen Bereichen voll funktionsfähig. Das Denken, das Fühlen und der physische Körper wirken in jeder Weise richtig und harmonisch zusammen.«

Das Geheimnis des Erfolges in der Anwendung der Bejahung ist der Lerneffekt. Verweilen Sie im Geiste der Bejahung und erkennen Sie die darin enthaltene Wahrheit als Folge der erwachten Intuition und Unterscheidungsfähigkeit. Bejahung kann als mentaler Drill angewandt werden, um das Unterbewußtsein neu zu programmieren und die Gedanken zu beschwichtigen. Sie haben jedoch den größeren Gewinn, wenn Sie das Wesentliche der Bejahung überdenken und dann zu der Erkenntnis gelangen, daß es wahr ist. Das Ideal ist also, so bewußt bei der Anwendung der Bejahungen zu sein, daß wir augenblicklich zu der Verwirklichung dessen erwachen, was wir bejahten.

Die Bejahung selbst gründet – um es an dieser Stelle in aller Deutlichkeit zu sagen – auf der Weltanschauung, daß alle Materie geistigen Ursprunges sei. Ernest HOLMES beschreibt die Sichtweise mit den Worten:

*»Der Körper ist der sichtbare Ausdruck einer unsichtbaren Idee. Er ist immer eine Wirkung, ein Produkt, niemals aber eine Ursache.«**

Diese mystisch anmutende Meinung wird von der modernen Physik nur bestätigt. CAPRA sagt dazu:

*Alle Materie, also auch der menschliche Körper, ist nichts Absolutes. Sie kann zu (nicht sichtbarer) Energie umgewandelt werden oder aus Energie entstehen. Der Körper befindet sich damit in einem ununterbrochenen Hin und Her zwischen der Welt der Form und dem Bereich der Formlosigkeit!***

---

* E. Holmes: Die Vollkommenheitslehre. 1978, Freiburg/Br.: Bauer
** F. Capra: Das Tao der Physik. 1984, Bern-München-Wien: Scherz

Die be-wirkende Kraft der Gedanken

Die be-wirkende Kraft der Gedanken auf die Gesundheit offenbart sich beispielhaft in den Heilmeditationen von Paramahansa YOGANANDA. Zwei Hinweise finde ich hier besonders aufschlußreich:

(1) Denken Sie nicht daran, daß Sie geheilt werden möchten.
(2) Werfen Sie Angst, Zweifel und Sorgen beiseite. Halten Sie an dem Gedanken fest, daß alle körperlichen Zustände wandelbar und heilbar sind und daß der Gedanke, eine Krankheit sei chronisch (also unheilbar), auf Täuschung beruht. *

Sehr gute Anleitungen für gezielte Heilmeditationen finden sich auch bei Ernest HOLMES.

---

* P. Yogananda: Wissenschaftliche Heilmeditationen. 1983[7], München: O. W. Barth

Anmerkungen

Mit der Bedeutungsvielfalt des Wortes Meditation befaßt sich HOWALD (1984). Die Unterscheidung zwischen »spirituellen« und »praktischen« Methoden trifft CARRINGTON (1982). Der Weg von DAVIS (1982; s. auch 1981) trägt den Namen Kryia-Yoga-Meditation. Weitere Auskünfte darüber gibt YOGANANDA (1983a), der Lehrer von DAVIS. Der Weg von SCHWARZ (1978; s. auch 1977) heißt Kreative Meditation. Synonym benutzt er den Ausdruck »voluntary controls«. Daß die persönliche Entfaltung nicht an eine bestimmte Meditationsform gebunden ist, diskutiert JOY (1985) in seiner Psychologie der Transformation. VIVEKANANDA (1978) verfolgt die Raja-Yoga-Tradition. Zu dem Exkurs über den erdachten Zeitmangel wurde ich durch DOSSEY (1984) angeregt.

Zu den Konzentrationsübungen wurde ich durch BARDON (1956, Nr. 1) und durch SCHWARZ (1978, Nr. 3) angeregt; Nr. 2 kommt aus dem Zen-Buddhismus. Anstöße für die Visualisierungsübungen gaben mir HEWITT (1979, Nr. 1), JOY (1985, Nr. 2) und BARDON (1956, Nr. 3). Über die Bedingungslose Hingabe schreibt u.a. JOY (1985). Besonders hilfreich sind mir persönlich in diesem Zusammenhang die drei Rezepte zum Glück von KEYES (1984):

(1) Frage nach dem, was du haben willst – aber verlange es nicht.

(2) Akzeptiere, was immer geschieht – für jetzt.

(3) Vergrößere deine Liebe – auch wenn du nicht das bekommst, was du haben willst.

Das hier geschilderte Vorgehen für Kopfschmerzbeseitigung lernte ich bei RHINEHART (1976) kennen. Die Variante von KEYES, bei der nicht nur Kopfschmerzen angesprochen werden, hörte ich auf seiner Cassette »Must physical pain cause unhappiness?« (Bezugsquelle: Vision Foundation Inc., 790 Commercial Ave., Coos Bay, OR 97420, USA, Cas. Nr. 11.) Eine weitere Möglichkeit der Schmerzlinderung durch Aufmerksamkeitssteuerung schlägt HUBBARD (1973) vor.

Über den Sinn der Krankheit spricht JOHANSON auf der Cassette »The vital purpose of suffering« (Bezugsquelle: Health Through Knowledge Series, 60 Garrick Close, Walton on Thames, Surrey KT 12 5PA, England). Zur Vertiefung dieser Sichtweise kann ich nur »A Course in Miracles« empfehlen (Bezugsquelle:

Foundation For Inner Peace, P.O. Box 635, Tiburon, Calif. 94920, USA). Die Übung zum Freiwerden von negativen emotionalen Fixierungen ist von DAVIS (1979), eine gleichwertige Version beschreibt SCHWARZ (1978; s. auch SVOBODA, 1984) unter dem Namen »Gedächtnisleinwand«. Die Ergänzung stammt aus SCHWARZ's Vortrag »Voluntary control of internal states« (Bezugsquelle: ALETHEIA Foundation, 1809 N. HWY. 99, ASHLAND, OR 97520, USA).

Die Standardübungen zur Überwindung von Schmerzen durch Meditation sind folgendermaßen einzuordnen: Nr. 1 stammt von BOYES (1978); als weiterführende Literatur will ich noch VAN LYSEBETH (1977) nennen. Nr. 2 berichten OSTRANDER & SCHROEDER (1980), einschließlich der Variante von SCHWARZ. Nr. 3 ist von SIMONTON (1982), der sie nach eigenen Worten SHEALY (vgl. Kap. 5 und Anh.) zu verdanken hat. Nr. 4 ist eine Synthese aus Methoden, die in Hypnose als die »Kabel-Schalter-«Metapher (s. Kap. 3) und in EST (RHINEHART, 1976) sowie SMC (SILVA & MIELE, 1983) als das »geistige Laboratorium« bekannt sind. Die Unterstützung durch den/die »Inneren Ratgeber« gehört in EST wie in SMC zwar zu der Standardtechnik, ich bezog mich jedoch auf die Erläuterungen von SIMONTON (1982). Über den Umgang mit Inneren Ratgebern schreiben außerdem OYLE (1976) und BRESLER (1984).

Über das Positive Denken gibt es unzählige Veröffentlichungen. Neben den bereits genannten Werken halte ich persönlich die Arbeiten von SCHMIDT (1972, 1982) und von JAMPOLSKY (1984) für sehr aufschlußreich und motivierend. Das Wesen der Bejahung schildert DAVIS (1978, 1984). HOLMES (1978) für die Metaphysik, DOSSEY (1984) und CAPRA (1984) für die moderne Physik behaupten die Erschaffung der Materie aus geistiger Energie. Die Praxis der Heilmeditation beschreiben YOGANANDA (1983 b) und HOLMES (1978). Eingehend befaßt sich auch STRAUSS (1979) mit der Heilung durch Gebete und durch die Kraft der Worte.

Kapitel 5

Schritte zur Selbsthilfe

Vorbereitung zu den Übungen

In den letzten zwei Kapiteln befaßten wir uns mit der Gesamtheit der autosuggestiven Methoden. Vielleicht fühlen Sie sich von dem einen oder anderen Beispiel bereits angesprochen, ohne aber zu wissen, wie Sie anfangen sollen. Deshalb will ich Ihnen im folgenden die Einleitung für drei eigenständige Programme anbieten. Sie können eines von diesen auswählen, um selber mit dem Üben anzufangen.

Eine bestimmte Körperhaltung ist bei keiner der Übungen vorgeschrieben. Je nach dem, was Ihnen Ihre Schmerzen erlauben, üben Sie im Sitzen oder im Liegen. Die üblichen Positionen sind:

A

Der Kopf fällt meist früher oder später nach vorn. Sobald Sie Nackenverspannungen oder andere Beeinträchtigungen bemerken, heben Sie den Kopf wieder hoch.

B

Entsteht aus A. durch Loslassen des Oberkörpers, der sich etwas vorbeugt. Der Neigungswinkel ist unterschiedlich, man darf nur keine Atembeklemmung bekommen. Die Unterarme ruhen auf den Innenseiten der Oberschenkel, um etwaigen Gleichgewichtsverlust sofort aufzufangen.

C

Gelingt gut in jedem Sessel mit Kopfstütze (Ohrensessel), am besten in einem Fernsehsessel oder einer Entspannungs-(Garten-)liege.

D

Der Boden oder das Bett darf weder zu weich noch zu hart sein. Hinter den Hinterkopf flaches Kissen oder ein zusammengelegtes Handtuch schieben.

Die Übungszeit beträgt zwischen 15–30 Minuten; manchmal auch länger, selten kürzer. Sie sollten mindestens dreimal am Tage Ihr Programm trainieren, eine Grenze nach oben ist hier nicht gesetzt. SHEALY beispielsweise weist den chronisch Schmerzkranken an, täglich 6–12mal die Schmerzkontrolle zu praktizieren; der zeitliche Gesamtaufwand liege dann bei 4–12 Stunden pro Tag. Das sind natürlich Empfehlungen, die bei voller Berufstätigkeit kaum einzuhalten sind. Ich führe sie hier aber bewußt an, denn diese Daten verdeutlichen, daß die psychologische Schmerzüberwindung mit einer nicht unerheblichen Änderung der Lebensgewohnheiten zusammenfällt. Sie müssen mit allen Konsequenzen wieder/endlich lernen, die volle Verantwortung für Ihre Gesundheit zu tragen! Kein geringerer als Wilhelm VON HUMBOLDT bekannte vor gut 150 Jahren freimütig: »Eines Tages wird es eine Schande sein, krank zu sein, weil die Krankheit das Endergebnis krankhafter Vorstellungen ist.«

Das Grundschema ist in allen Methoden gleich. Nach einer Phase des körperlich-geistig-seelischen Loslassens (= Entspannung) beobachten Sie die Störung ohne die übliche persönliche Betroffenheit. Es ist einfach *eine* Krankheit, und Sie wollen sie zunächst detailliert kennenlernen, um darauf hin geeignete Gegenmaßnahmen zu treffen.

Der folgende Schritt ist dann das innere Erleben einer vollzogenen positiven Änderung (= Beschwerdenrückgang). Schließlich beenden Sie die Übung mit einem deutlichen Gefühl des erwünschten Erfolges, ohne jedoch auf einer sofortigen objektiven Zustandsbesserung zu beharren.

Ich erinnere noch einmal an KEYES' »Rezepte zum Glück«: (1) Frage nach dem, was du haben willst – aber verlange es nicht; (2) Akzeptiere, was immer geschieht – für jetzt; und (3) Vergrößere deine Liebe – auch wenn du nicht das bekommst, was du haben willst.

Betrachten wir jetzt die drei Programme näher. Es sind

(a) die meditative Befehlstherapie von JOY,

(b) das Biogenik-Training von SHEALY und

(c) die selbstsuggestive Schmerzverwandlung von SVOBODA.

Für alle drei gilt dieselbe Faustregel: Die ersten Erfolge stellen sich innerhalb von ein bis vier Wochen ein, zu einer beständigen Besserung kommt es in der Regel erst nach durchschnittlich sechs bis zehn Monaten.

Befehlstherapie

So nennt Joy sein Übungssystem zur Selbstheilung, das ihm nach eigenen Aussagen 1973 in Meditation eingegeben wurde.

Es besteht aus sechs Schritten:

1. Sie entspannen sich.
2. Sie konzentrieren sich auf ein positives Erlebnis aus der Vergangenheit. Dadurch aktivieren Sie spontan die Lebenskraft und Lebensfreude.
3. Sie lösen sich im Geiste von der damaligen Situation, doch Sie behalten das Wohlbefinden im Körper weiter.
4. Sie verstärken das positive Lebensgefühl und lenken es in die Schmerzen hinein. Denken und fühlen Sie jetzt, daß es Ihnen wieder gut geht.
5. Sie stellen sich konkrete Besserungen in Ihrem Körper vor, als wären sie bereits geschehen.
6. Sie erleben schließlich im Geiste, wie Sie völlig gesund sind und voll aktiv am Alltagsleben teilnehmen.

Diese sechs Schritte müssen Sie zunächst dreimal am Tage praktizieren. Wenn es Ihnen besser geht, genügt eine Anwendung am Tage.

Biogenik-Training

Das Biogenik-Training leitet SHEALY vom Autogenen Training ab. In der ursprünglichen Fassung behält er die sechs Standardschritte der Grundstufe zur Entspannung und Ruhigstellung bei. Daran schließen sich die schmerzbewältigenden Selbstsuggestionen an.

Die Übung ist so ausgelegt, daß zuerst alle Körperempfindungen – also auch die Schmerzen – ausgelöscht werden, woraufhin eine Neuprogrammierung zur Schmerzfreiheit eingeleitet wird.

Das Grundschema lautet:

1. Unterstufe des Autogenen Trainings.
2. Körperausdehnung durch Selbstsuggestionen wie »Der Kopf weitet sich jetzt um 20–25 cm, und das ist gut so.«
3. Löschung aller Empfindungen durch Selbstsuggestionen wie »In der Weite verliere ich alle körperlichen Gefühle«.
4. Spirituelle Einstimmung durch Selbstsuggestionen wie »Die Liebe des Universums ist in mir, und ich sehe und spüre sie überall«.
5. Persönliche Bejahungen zu Heilung und Genesung des Körpers.
6. Mitnahme der positiven Empfindungen in die äußere Wirklichkeit durch Selbstsuggestionen wie »Das Wohlbefinden und die Gelassenheit, die ich hier gefunden habe, nehme ich nun in den normalen Wachzustand mit«.

Schmerzverwandlung

Das von mir entworfene selbstsuggestive System der Schmerzverwandlung kombiniert die wirksamsten Methoden der traditionellen Hypnose. Bei jedem der drei Schritte sind mehrere Alternativvorschläge vorgegeben. Daraus stellen Sie Ihr persönliches Übungsprogramm zusammen. Um die beste Abstimmung auf die individuellen Bedürfnisse zu erzielen, empfehle ich folgendes Vorgehen.

- Lesen Sie alle Übungstexte in Ruhe durch.
- Legen Sie sich auf eine Technik der Selbsthypnose fest.
- Lesen Sie den gewählten Text mindestens noch einmal sehr aufmerksam durch und verinnerlichen Sie einige wenige Stichworte. (Zur Veranschaulichung werde ich meine eigenen Anhaltspunkte im Anschluß an jede Übung gesondert nennen.)
- Versetzen Sie sich in die Trance. Wenn Sie Konzentrationsstörungen haben, sich also kein Ruheerlebnis und keine Realitätsverblassung einstellen will, lassen Sie sich den Text von jemandem vorlesen oder sprechen Sie ihn selbst auf ein Tonband auf. Die Suche nach dem richtigen Einstieg kann auch mehrere Tage dauern. Lassen Sie sich nicht entmutigen.
- Stellt sich eine Trance ein – das Erlebnis wird häufig mit dem Zustand kurz vorm Einschlafen verglichen –, können Sie mit der nächsten Übung beginnen. Bestimmen Sie je eine Technik der Schmerzverwandlung und – bei Bedarf – der Lebensbejahung, lesen Sie die gewählten Texte mindestens noch einmal sehr gründlich durch und verinnerlichen Sie wieder ein paar Stichworte.
- Versetzen Sie sich in Trance und lassen das eigene Programm vollständig ablaufen. Wenn Sie mit Cassetten arbeiten, lernen Sie schrittweise, auch ohne sie auszukommen.

- Sind Sie mit dem Programm fürs erste Mal zufrieden, führen Sie es täglich mindestens zweimal durch. Selbstverständlich sind jederzeit Korrekturen möglich, auch während einer Übung.
- Tragen Sie die Übungen im Tagebuch ein, wie im letzten Abschnitt »Übungsbegleitende Aufzeichnungen« vorgeschlagen wird.

Der erste Schritt ist die Selbstversenkung in eine Trance, die Selbsthypnose. Dafür stehen drei Wahlwege zur Verfügung – die Blickfixierung mit Augenschluß, die Handlevitation und die Vokalimagination.

Blickfixierung mit Augenschluß (1A)

Du machst es dir zunächst bequem ... ganz bequem. Der Blick ist von jetzt an auf eine Stelle gerichtet, die du dir selbst ausgesucht hast – einfach eine Stelle, die dir sonst nichts Besonderes bedeutet, wie ein Nagel in der Wand, ein Knoten im Teppich oder der Halbmond deines Fingernagels. Egal wofür du dich auch entschieden hast, du denkst von jetzt an nur noch an diese eine Stelle – sie ist dein ZIEL.

Du kannst das Ziel noch immer gut sehen ... du schaust es ganz fest an ... du konzentrierst dich ausschließlich darauf ... und dabei merkst du, wie die übrigen Gedanken immer ruhiger und weniger werden, immer ruhiger und stiller.

Das Ziel bleibt weiterhin in der Mitte deiner Aufmerksamkeit ... alles andere ist immer weniger wichtig ... das Ziel in der Mitte, der Blick ganz fest darauf geheftet ... und auf einmal merkst du, daß ein Lichthof rings um das Ziel aufgetaucht ist ...

oder die Farbe wechselt ... oder das Ziel rückt immer näher heran oder immer ferner weg. Das ist alles in Ordnung, ganz ruhig, nur auf das Ziel konzentriert ... und auch wenn sich die Augen bereits geschlossen haben, bleibst du im Geiste weiter auf das Ziel konzentriert.

In diesem Moment merkst du wohl, wie gut entspannt der ganze Körper bereits ist – nur deine Augen, soweit sie noch offen sind, müssen sich so sehr anstrengen, daß sie sich nur noch schwer und müde fühlen, die Augen schwer und müde, immer schwerer und müder ... und die Augenlider beginnen oder haben bereits begonnen, tiefer und tiefer zu sinken ... tiefer und tiefer zu fallen ... und sie schließen sich.

Wunderbar, die Augen sind jetzt geschlossen, und du merkst sofort, wie gut das tut – keine Anstrengung mehr, die Augen sind einfach geschlossen und das ganze Gesicht und der Hinterkopf – tief entspannt ... die Schultern und der Nacken – ganz entspannt ... die Arme und die Hände – tief entspannt ... die Brust und der Bauch – ganz entspannt ... der Rücken und das Gesäß – tief entspannt ... die Beine und die Füße – ganz entspannt ... ein wirklich wunderbares Gefühl im ganzen Körper, der ganze Körper ist ruhig und gelöst ... ganz gelöst, tief entspannt.

Und auch wenn der Körper schon so tief entspannt ist, daß du ihn immer weniger spürst oder ganz anders wie gewohnt empfindest, du bist und du bleibst im Geiste immer voll wach. Der Geist bleibt voll wach, und mit diesem Wissen kannst du noch mehr loslassen.

Keine Belastung mehr. All das, was dich im Alltag beschäftigt, ist und bleibt jetzt dort, wo der Alltag ist – einfach draußen.

Du fühlst dich weiterhin wohl und entspannst dich noch tiefer ... immer tiefer und tiefer entspannt.

Sollten dennoch andere Gedanken auftauchen, die dich ablenken wollen, denke dir einen mächtigen Strom. Weit flußauf erscheint ein Baumstamm. Konzentriere dich nun voll auf den Baumstamm, der langsam flußabwärts treibt, bis du ihn schließlich aus den Augen verlierst (Pause 20–30 Sekunden). Und mit dem Baumstamm sind alle Störungen fort. Tief entspannt.

Fein, jetzt stelle dich auf den eigenen Atem ein. Er ist ganz ruhig und gleichmäßig, der Atem ist ruhig und gleichmäßig. Folge dem Atem im Geiste. Spüre, wie er hereinströmt ... und hinausfließt, herein und hinaus, stetig und unaufhörlich.

Du entdeckst dabei, wie sehr sich die beiden Atemphasen voneinander unterscheiden. Die meisten Menschen finden das Einatmen angenehm leicht und kühl, das Ausatmen dagegen wohltuend schwer und warm. Andere Menschen sprechen von Helligkeit und Dunkelheit. Überzeuge dich jetzt, wie du deinen Atem erlebst – lasse alles einfach geschehen und beobachte im Stillen. Der Atem bleibt ruhig und gleichmäßig.

In einigen Augenblicken beginnst du dann, die Atemzüge im Geiste zu zählen. Du zählst von 1 bis 10, und jede Zahl ist wie die Stufe einer Treppe oder die Etage bei einem Aufzug. Jede Zahl bringt dich noch tiefer in die Entspannung. Wenn du dann bei 10 angelangt bist, bist du in einer Trance, in der du Dinge lernen und erfahren wirst, die dir bald helfen werden, die Schmerzen zu überwinden.

Fein, beginne jetzt die Atemzüge von 1 bis 10 zu zählen (Pause 1–2 Minuten).

Gut, bevor du deine Trance wieder beenden wirst, konzentriere dich kurz auf diese Worte: DU WIRST MIT JEDER WIEDERHOLUNG BESSER UND BESSER IN DEINE TRANCE FINDEN. IN ZUKUNFT BRAUCHST DU NUR NOCH IM GEISTE VON 1–10 ZU ZÄHLEN, UND WÄHREND DU ZÄHLST, KOMMST DU IN DIE TRANCE, WO DAS WORT DEN KÖRPER AUFS NEUE ERSCHAFFT. UM DIE TRANCE DANN ZU BEENDEN, ZÄHLST DU RÜCKWÄRTS VON 10–1. BEI 1 BIST DU NORMAL WACH, DU FÜHLST DICH WOHL, UND DU SPÜRST NOCH IMMER DEN STROM DER LEBENSKRAFT UND DER LEBENSFREUDE IN DIR.

Fein, und so komme jetzt auf dem Wege von 10–1 zurück, frisch und munter, voller Zuversicht und voller Freude auf die nächsten Übungen und auf die kommenden Erfolge.

[Stichworte]

- bequeme Körperhaltung (Sitzen oder Liegen)
- Konzentration auf einen Punkt
- Augen müde
- Augen zu
- Körper gelöst
- Atem ruhig
- 1–10

Handlevitation (1B)

Du machst es dir zunächst im Sitzen bequem ... ganz bequem. Die Hände ruhen auf den Armstützen oder auf den Oberschenkeln ... leicht und lose auf den Armstützen oder auf den Oberschenkeln.

Du schaust sie beide abwechselnd an – die rechte und die linke Hand, die linke und die rechte Hand, und merkst den feinen

Unterschied zwischen den beiden. In der Tat benützen die allermeisten Menschen die eine Hand viel lieber als die andere. Und so schaue dir jetzt ganz genau deine Lieblingshand an.

Betrachte sie, wie sie dort liegt – so nahe und zugleich irgendwie weit weg, als wäre sie das Modell, nach dem der Künstler sein luftig leichtes Farb-, Stand- oder Klangbild gestaltet. Die eigene Hand, die schon unsagbar vieles erlebt hat.

Und alle Erinnerungen leben noch immer in ihr – wie die Erinnerung des Kindes an einen bunten Ball ... du brauchst jetzt die Augen nur zu schließen, und die Erinnerung wird noch klarer ... du kannst die Ballrundung wieder in der Wölbung der Handfläche spüren, das runde Ballgefühl ... der Ball schwimmt in einem Eimer voll Wasser, und du versuchst wieder ihn runterzudrücken, doch je mehr du dich bemühst, desto stärker drückt er zurück und bringt die Hand immer weiter nach oben ... die Hand immer leichter und leichter ... die Hand immer höher und höher.

Aber das war nur eines der herrlichen Spiele, die die Hand so gut kennt. Es gibt da auch noch diesen bunten Luftballon, der mit Leichtgas gefüllt ist. Am freien Ende der Schnur ist eine Schlinge, damit der Luftballon nicht davon fliegen kann ... die Schnur schmiegt sich an das Handgelenk, und die Hand fühlt sich so leicht ... sie steigt weiter und weiter nach oben – immer höher und höher ... und mit ihr steigt der ganze Arm weiter und weiter nach oben – immer höher und höher – die Hand läßt sich einfach von dem Luftballon wieder tragen – immer weiter und weiter nach oben, immer höher und höher, die Hand und der Arm ganz leicht, immer weiter und weiter nach oben, auf das eigene Gesicht zu.

Der ganze Arm von den Fingerspitzen bis zum Schultergelenk

ist vielleicht schon so leicht, daß du ihn kaum noch spürst ... nicht mehr spürst ... und die Hand kommt immer näher und näher auf das Gesicht zu.

Egal nun, welche Stelle sie berühren wird – spätestens im selben Moment, wo die Hand das Gesicht berühren wird, wirst du in einer Trance sein, die es dir erlauben wird, im Inneren zu entdecken und wiederzufinden, wie du die Schmerzen überwinden kannst.

Und die Hand folgt dem Luftballon – höher und höher, und der Arm folgt der Hand – höher und höher, und der Luftballon ist dem Gesicht – näher und näher ... eine Stelle – näher und näher ... eine Berührung – ganz leicht ... so wunderbar – leicht ... und du nimmst dir deine Zeit (Pause 3–5 Minuten).

Fein, das gleiche Gefühl in der Hand wird dich von jetzt an immer in die Trance bringen. Mit jeder Wiederholung wirst du noch besser und besser in deine Trance kommen. In Zukunft brauchst du nur noch im Geiste den Luftballon zu finden, der die Hand nach oben bringt. Im selben Moment, wo du das gleiche wie jetzt spürst (= Berührung des Gesichtes oder Loslösen von der Unterlage), bist du in der Trance, wo das Wort den Körper aufs neue erschafft.

Um die Trance dann zu beenden, brauchst du nur die Hand nach unten zu bringen. Sobald sie die Armstütze/den Oberschenkel berührt hat, bist du normal wach, du fühlst dich wohl, und du spürst noch immer den Strom der Lebenskraft und der Lebensfreude in dir.

Gut, mit diesem Wissen in deinem Inneren lasse jetzt die Hand zurückkommen und folge ihr. Sobald sie unten ist, bist du voll da, frisch und munter, voller Zuversicht und voller

Freude auf die nächsten Übungen und auf die kommenden Erfolge.

[Stichworte]

- bequeme Sitzhaltung
- Konzentration auf die Hand
- Augen zu
- Luftballon
- Hand und Arm leicht
- Gesichtsberührung mit der Hand

Vokalimagination (kann nicht laut vorgelesen werden) (1C)

Anmerkung zur Zählweise:

Wenn im folgenden die Rede vom Zählen der Atemzüge ist, gewöhnen Sie sich bitte an, keine Zahlen zu denken, sondern die Finger einer Hand als Zählwerk zu benutzen, wie in Kryia-Yoga gelehrt. Der Daumen berührt beim ersten Atemzug die Fingerspitze, beim zweiten Atemzug das mittlere Fingerglied, beim dritten Atemzug dann das untere Fingerglied des Zeigefingers. Der vierte bis sechste Atemzug wird in gleicher Weise mit dem Daumen auf dem Mittelfinger »abgefühlt«, der siebente bis neunte Atemzug auf dem Ringfinger und der zehnte bis zwölfte Atemzug auf dem Kleinfinger. Dies ist eine universelle Zählmethode, welche nach kürzester Anlaufphase die Aufmerksamkeit nicht weiter beansprucht – im Unterschied zu dem üblichen Mitzählen. Sie können sich also wirklich voll auf die eigentliche Aufgabe konzentrieren.

Wortlaut der Übung:

Mache es dir ganz bequem, schließe gleich die Augen und stelle dich im Geiste auf den eigenen Atem ein. Lasse den Atem frei hereinfließen und hinausströmen, ohne ihn anzuhalten, ohne ihn überhaupt willentlich zu etwas zu zwingen. Lasse den Atem einfach geschehen, folge ihm im Geiste und beobachte das Geschehen ohne innere Anteilnahme. Du kannst hier auch die Atemformel des Autogenen Trainings wiederholt gebrauchen: »Der Atem ruhig und gleichmäßig. Es atmet mich.«

Nehme dir dafür 6, 9 oder 12 Atemzüge Zeit – jedenfalls so lange, bis du eine deutliche Gedankenberuhigung feststellst. Dann lasse im Geiste auf der Innenseite der Stirn einen Kreis erscheinen. Sollte dir die bildhafte Vorstellung des Kreises Schwierigkeiten bereiten, versuche es mit der Empfindung des Kreises – male dir mit einer Fingerspitze sachte einige Male hintereinander den Kreis in die Stirnmitte.

Beim nächsten Einatmen projektiere den Buchstaben X in den Kreis (etwa so: ⊗); beim Ausatmen blende das X sorgfältig aus dem Kreise heraus. Der Kreis ist nun leer. Wenn du mit der X-Vorstellung ähnliche Probleme wie mit der Kreisimagination hast, benutze wieder den Finger, um das X in den Kreis zu schreiben. Falls die Dauer eines Atemzuges zu kurz bemessen ist, dehne die Imagination auf ausreichend viele Atemzüge aus.

Als ersten Selbstlaut projiziere nun das A in den Kreis. Der Buchstabe kann klein- oder groß-, hand- oder druckgeschrieben sein, das ergibt sich von alleine. Spreche im Geiste das A aus und lasse es mit dem Atem durch den ganzen Körper schwingen. Übe mit dem A 6–12 Atemzüge lang. Dann blende es aus.

Der nächste Selbstlaut in dem Kreis ist das E. Gehe dabei genauso wie bei dem A vor und mache die Übung 6–12 Atemzüge lang. Auch bei den drei übrigen Vokalen I, O, U wende dieselbe Technik an.

Mit dem letzten Selbstlaut (U) lasse auch den Kreis verschwinden. Sodann beende die Übung, indem du die Augen öffnest und gleichzeitig denkst: ICH BIN GANZ WACH, FRISCH UND MUNTER, ICH FÜHLE MICH WOHL UND ICH SPÜRE DIE MACHT DES WORTES IN MIR.

[Stichworte]

- bequeme Sitzhaltung
- Atemkonzentration
- Kreisimagination
- X-Imagination
- Vokalimagination je 6–12 Atemzüge

Der zweite Schritt ist die autosuggestive Schmerzverwandlung. Die nächsten vier Übungen vermitteln die gebräuchlichsten Techniken dazu. Die Methode, die Sie persönlich am besten anspricht, wenden Sie in der bereits eingeübten Trance an. Im einzelnen handelt es sich um die Handtaubheit, die Schmerzauflösung oder -ableitung, die Schmerzzentrale und die Schmerzgestalt oder -zahl.

Handtaubheit (2A)

(Versenke dich zunächst in die Trance. Dann:)

Konzentriere dich auf eine Hand. Gleich wirst du darin ein Gefühl entdecken, das dir sehr bekannt vorkommt ... das du eigentlich sehr gut kennen kannst. Es ist das Gefühl eines

Schneeballes oder eines Eiswürfels, den man länger in der Hand hält – und die Hand wird kalt . . . ganz kalt . . . eisig kalt.

Denke immer fester an das Eis in der Hand, es ist pures Eis, unendlich weiß oder kristallklar. Denke und spüre nichts anderes als das Eis in der Hand. Die Kälte nimmt noch zu, sie ist längst jenseits aller Gefühle, einfach eisig kalt, und sie löscht jede andere Empfindung in der Hand aus . . . sie löscht wirklich jede Empfindung aus, auch sich selbst . . . sie ist selbst verschwunden – und die Hand fühlt plötzlich nichts mehr, sie hat keine Empfindung mehr.

Die Hand ist jetzt völlig taub – als wäre sie eingeschlafen . . . als wäre sie aus Holz . . . die gleiche Taubheit, wie nach einer Spritze beim Zahnarzt – ganz taub, die Hand ist vollständig taub. Von den Fingerspitzen bis zum Handgelenk fehlt dir jegliches Gefühl. Als wäre die Hand nicht mehr da. Ganz taub!

Und nun kannst du lernen, mit der Taubheit eine völlig neue, angenehme Erfahrung zu machen. Führe den Arm so, daß das Ende, wo du weißt, dort ist die Hand – obwohl du sie nicht spüren kannst – genau die Hautstelle berührt, die den Schmerzen am nächsten ist. Und im selben Augenblick, wenn die Hand auf der Haut liegt, fließt die Taubheit aus der Hand in den Körper über, dahin, wo du sie wirklich brauchst.

Meist ist es möglich, die Hand genau auf die Schmerzen oder direkt darüber zu legen. Sollte es bei deinen Schmerzen jedoch nicht gehen, so lege die Hand auf eine Stelle, die als Zwischenstation funktionieren und die Taubheit auf den richtigen Ort weiterleiten wird. (So kannst du z. B. Schmerzen zwischen den Schulterblättern über das Kreuz [d. h. aufwärts], über den Nacken [d. h. abwärts] oder über die Brustmitte [d. h. hindurch] erreichen.) Es ist auch möglich, daß nicht die Handfläche, sondern der Handrücken oder nur die Fingerspitzen die andere Körperstelle berühren.

Das ist ganz egal, im Augenblick der Verbindung ist die gesamte Taubheit sofort aus der Hand in den Körper geflossen, und dort füllt sie genau den richtigen Ort aus . . . alles ganz taub, angenehm taub, kein Schmerz mehr, keine Empfindung mehr, alles von Taubheit durchdrungen und erfüllt.

Sobald die Taubheit aus der Hand in den Körper gewechselt hat, fühlt sich die Hand wieder normal, ganz normal, voller Leben, und du nimmst sie weg. Die Taubheit ist jetzt dort und nur dort, wo die Schmerzen waren, und sie verbleibt noch eine weitere Weile da.

Mit jeder Übung wird diese wohltuende Taubheit in deinem Körper länger und länger verbleiben. Doch egal, wie weit und wie tief diese wohlige, heilsame Taubheit auch geht, du wirst deswegen in der äußeren Wirklichkeit keine Schwierigkeiten erleben. Im Gegenteil – die Taubheit wird sich immer als sehr hilfreich erweisen. Und das ist gut so.

(Nun folgt der dritte Schritt oder die Trancebeendigung.)

Schmerzauflösung/Schmerzableitung (2B)

(Versenke dich zunächst in die Trance. Dann:)

Konzentriere dich jetzt auf eine Hand. Die Hand fühlt sich noch wie gewohnt an – du spürst die Finger außen wie innen, die Handfläche und den Handrücken und ihre Abgrenzungen von außen. Jetzt fällt dir die Mitte auf.

Gehe noch weiter nach innen, in die Mitte der Hand, und du entdeckst alle möglichen Empfindungen darin – du kannst dort die verschiedensten Gefühle finden.

Darunter schwingt auch dieses eine besondere Gefühl – ein ganz bestimmtes Gefühl, von dem du zutiefst weißt, daß es genau das richtige gegen die Schmerzen ist.

Es spielt wirklich keine Rolle, wo du dieses wunderbare Gefühl zuerst kennengelernt hast – oder ob es dir einfach noch nie zuvor aufgefallen ist. Jetzt ist es voll im Handinneren und du merkst, wie es immer stärker und stärker wird ... noch klarer und spürbarer. Es steigt aus der Tiefe, wie das Wasser einer Heilquelle aus den Tiefen der Erde sich ins Tageslicht stürzt.

Das Heil nimmt seinen Weg, und du folgst ihm, du läßt dich von ihm führen. Dieses unbändige, befreiende Gefühl durchdringt die gesamte Hand ... die Hand ist voll ungestümer Lebenskraft, voll grenzenlosen Wohlbefindens und alles andere tritt zurück – in der Mitte bleibt nur noch dieses einzigartige Gefühl in der Hand.

Die Hand hat sich jetzt geöffnet, und sie läßt das Gefühl durch das Handgelenk herausfluten ... es breitet sich immer weiter durch den Unterarm aus ... die Lebensquelle, die du in deiner Hand erschlossen hast, schäumt und sprudelt noch mächtiger ... das heilsame Gefühl hat auch schon den Oberarm erfaßt ... es fließt immer weiter durch den Arm, wie ein Strom durch die Landschaft sich wälzt und dabei immer stärker und mächtiger wird, immer stärker und mächtiger.

Wenn du es dann in der Schulter spürst, lasse es sich noch eine Weile sammeln – einfach eine Weile sich sammeln lassen bis es so stark geworden ist, daß es in einem einzigen Sprung bis zu der

Stelle vordringt, wo deine Schmerzen sitzen. Schaue jetzt einfach zu – das wunderbare, heilsame Gefühl wächst immer weiter an. (Pause 1–2 Min.)

Das heilsame Gefühl breitet sich darin aus – die Schmerzen schmelzen dahin, das Gefühl aus der Mitte löst sie auf der Stelle auf... die Kraft bleibt, auch wenn die Schmerzen gehen.

Du kannst aber auch die Schmerzen an einem anderen Ort zur Energie zurückverwandeln. Lasse sie dann den Weg zurück in die Hand gehen, zurück zu der Urquelle, zurück zum Anfang, und sie verwandeln sich dort, in der Mitte der Hand, wieder in jene Kraft zurück, die sie schon damals waren, bevor du sie als Schmerzen kennengelernt hast...

Die Kraft, die noch kurz zuvor so wehgetan hat, die Kraft der Schmerzen... ist wieder frei, und du kannst sie jetzt vom neuen zu deinem wahren Wohl und Heil zu nutzen lernen... anstelle der Schmerzen nur noch dieses eine ganz besondere, unbeschreiblich wunderbare Gefühl, das du bei jeder Übung in der Mitte deiner Hand zu finden weißt.

MIT JEDER ÜBUNG WIRD DAS HEILSAME GEFÜHL IN DEINEM KÖRPER LÄNGER UND LÄNGER VERBLEIBEN. Doch egal, wie weit und wie tief es geht, du wirst deswegen in der äußeren Wirklichkeit keine Schwierigkeiten erleben. Im Gegenteil – dieses besondere Gefühl aus der Mitte der Hand wird sich immer als sehr nützlich erweisen. Und das ist gut so.

(Nun folgt der dritte Schritt oder die Trancebeendigung.)

Schmerzzentrale (2C)

(Versenke dich zunächst in die Trance. Dann:)

Denke jetzt wieder daran, was man bisher über das Bewußtwerden von Schmerzen herausgefunden hat – und was du insgeheim schon immer geahnt hast. Jeder Mensch ist von der Anlage her dazu befähigt, Schmerzen durch den Geist abzustellen. Und so kannst auch du lernen, deine Schmerzen durch eigenes Denken weniger und weniger zu spüren . . . sie einfach wegzudenken.

Alles, was du dafür benötigst, ist längst da – du brauchst es nur zu wollen und dieses Geschenk anzunehmen. Wenn du also jetzt selbst über deine Schmerzen bestimmen willst, konzentriere dich voll und ganz auf jenen besonderen Weg, der die Botschaften des Körpers von weit außen nach innen führt und sie als Schmerzen bis in die Mitte deines eigenen Seins lenkt.

Es ist der Weg, den alle Schmerzen gehen müssen. Und du erinnerst dich wieder daran, daß die Körpermeldungen zuerst eine Art Tor passieren müssen, bevor du sie überhaupt als Schmerzen wahrnimmst. Solange die Botschaften noch vor dem Tor sind, hast du keine Schmerzen, egal wie schwer betroffen der Körper bereits sein mag.

Das Wissen um das Tor ist jetzt deine Chance. Du kannst nämlich das Tor aus eigener Entscheidung und aus eigener Vorstellungskraft schließen. Das soll nun für dich die Aufgabe und die Herausforderung für die nächste Zeit sein – du willst und du wirst lernen, das sperrangelweit geöffnete Tor, durch das die Schmerzen gegen deinen eigenen Willen hereinkommen, möglichst dicht und für möglichst lange zu schließen!

Mit diesem Wissen läßt du dich durch nichts und durch niemanden mehr davon abbringen, die Schmerzen geistig zu überwinden ... die Schmerzen aus eigener Kraft zu besiegen. Und auch wenn die Macht der Gewohnheit das Tor anfangs immer wieder aufreißt, dir gelingt es stets vom neuen, den Durchlaß kleiner und kleiner zu halten – bis schließlich die Gewohnheit nachgegeben hat, und das Tor nur jene Menge Schmerzen durchläßt, mit der du schon gut leben kannst.

Eines Tages mag sich dann gar ohne dein bewußtes Zutun das Tor völlig schließen – das ist alles in Ordnung, beobachte einfach in deinem Inneren und lerne es, über die Schmerzen selbst zu bestimmen.

Fein, als erstes finde nun heraus, wie das Tor zu steuern geht. Viele Menschen entdecken in ihrer Mitte einen Innenraum oder geistiges Laboratorium, wo jeder Wunsch in Erfüllung geht. Nimm dir ruhig Zeit und erfahre zutiefst deinen persönlichen Innenraum – Zauberraum. (Pause 20–30 Sek.)

Wunderbar ... jetzt wünsche dir einen Schaltknopf oder einen ganzen Schaltpult für die Schmerzen. Und der Wunsch geht sogleich in Erfüllung – die inneren Sinne erleben ihn voll und ganz. (Pause 5–10 Sek.)

Gut ... bewege jetzt den Schalter nach deinen Kräften. Höre ihn klicken, spüre ihn einrasten, sehe wie er sich dreht – Stufe um Stufe – oder mit einem einzigen Sprung auf die Null zu – und irgendwo draußen schließt sich ein Tor ... das Tor der Schmerzen schließt sich jetzt. Innen wird es merklich stiller, es wird ruhiger, der Strom läßt nach ... genieße all die neuen, wunderbaren Eindrücke in voller Bewußtheit der eigenen Macht. (Pause 1–2 Min.)

Fabelhaft, und von dem Ort aus, wo du jetzt bist, wirst du

immer besser und besser imstande sein, das Tor der Schmerzen zu schließen. Mit jeder Übung wird die Ruhe und die Stille in deinem Körper länger verbleiben und noch voller wirken.

Doch egal, wie weit und wie tief die Stille reicht, du wirst deswegen in der äußeren Wirklichkeit keine Schwierigkeiten erleben. Im Gegenteil – das Klein- und das Ausschalten der Schmerzmeldungen und die Stille danach wird sich immer als sehr nützlich und angenehm erweisen. Und das ist gut so.

(Nun folgt der dritte Schritt oder die Trancebeendigung.)

Schmerzgestalt/Schmerzzahl (2D)

(Versenke dich zunächst in die Trance. Dann:)

Konzentriere dich unmittelbar und voll auf die Stelle in deinem Körper, wo sich die Schmerzen am stärksten bemerkbar machen. Lenke die Aufmerksamkeit in die Schmerzen hinein. Sollten es gar mehrere Stellen gleichzeitig sein, beginne jetzt einfach mit einer davon ... mit den inneren Sinnen ganz genau und vollkommen auf die Schmerzen eingestellt.

Beobachte sie wie in einem lebensgroßen Spiegel – so wie sie in dir sind, sind sie in diesem Augenblick direkt vor dir. Nimm die Schmerzen auf die Weise wahr, wie sie soeben wirklich sind – denke dich nicht hinein, denke nichts hinzu, denke nicht an den Anfang, denke nicht an ein Ende ... erlebe die Schmerzen unmittelbar zuinnerst. Erfahre sie einfach mit all den inneren Sinnen, die du auch sonst benutzt, wenn du nach innen gehst – sehe, höre, rieche, schmecke oder erfasse und spüre die Schmerzen unmittelbar, jetzt, direkt vor dir. (Pause 10–20 Sek.)

Lasse die inneren Sinne zu dir frei über die Schmerzen sprechen ... und plötzlich entdeckst du etwas wie eine beständige Form oder Gestalt der Schmerzen ... die Schmerzen haben eine ganz bestimmte Größe und Farbe, einen ganz bestimmten Klang und Rhythmus, einen ganz bestimmten Geruch und Geschmack, eine ganz bestimmte Oberfläche, Festigkeit, Temperatur – und noch einiges mehr.

Auch wenn du dafür keine Worte hast, weißt du ohne jeden Zweifel, daß die Gestalt im Spiegel vor dir jetzt die Schmerzen verkörpert. Gebe dich der Beobachtung für eine Weile vollständig hin – trotzdem bleibst du innerlich völlig unbeteiligt. Denke über nichts nach – beobachte unmittelbar in diesem Augenblick. (Pause 10–20 Sek.)

Gut, nun – falls bis jetzt keine deutliche Gestalt erschienen ist, behelfe dir mit der Schmerzzahl. Das geht wirklich ganz einfach – bestimme auf der Skala zwischen 0 und 10 ohne jede Überlegung, wie stark die Schmerzen gerade sind. Gleich weißt du die Zahl – jetzt! (Pause 5 Sek.)

Fein, du hast die Gestalt oder die Zahl, welche deine Schmerzen bedeutet. Lasse dir nun einfallen, wie du sie verändert haben möchtest. Denke dir eine solche Verwandlung, die du wirklich annehmen kannst. (Pause 5–10 Sek.)

Du weißt also, was du erreichen willst – konzentriere dich noch fester auf dein Ziel ... und die Gestalt oder die Zahl vor dir ändert sich bereits, egal wann es dir bewußt wird. Die Verwandlung geht tatsächlich vor sich, und du läßt sie geschehen, indem du die Änderung im Geiste bereits vollbracht hast, ohne sie unbedingt haben zu müssen. Denn so lautet das Geheimnis des Erfolges: Frage nach dem, was du haben willst – aber verlange es nicht. Akzeptiere was immer geschieht – für jetzt. Vergrößere deine Liebe – auch wenn du nicht das bekommst, was du haben willst. Und mit diesem Wissen lasse jetzt den guten Dingen die Zeit, die sie brauchen – das ist alles. Die Zeit ist da. (Pause 2–3 Min.)

Wunderbar, die positive Verwandlung, die du nun erfahren hast, bleibt in dir, und du behältst sie weiter. MIT JEDER ÜBUNG WIRST DU IMMER BESSER IMSTANDE SEIN, DIE GESTALT ODER DIE ZAHL DER SCHMERZEN SO ZU VERWANDELN, DASS DU DICH WOHLER UND WOHLER FÜHLEN KANNST.

Doch egal, wie weit und wie tief die Verwandlung reicht, du wirst deswegen in der äußeren Wirklichkeit keine Schwierigkeiten erleben. Im Gegenteil – die Schmerzverwandlung und das Gefühl danach wird sich immer als sehr nützlich und angenehm erweisen. Und das ist gut so.

(Nun folgt der dritte Schritt oder die Trancebeendigung.)

Der dritte Schritt ist die Lebensbejahung. In den zwei folgenden Übungen steht jeweils das Thema der *Ich-Stärkung* im Vordergrund, d.h. die Übernahme der Selbstverantwortung für die eigene Gesundheit. Die Ich-Stärkung ist grundsätzlich dann angebracht, wenn Ihr Tagesablauf von Unzufriedenheit und von Pessimismus beherrscht wird. Falls Sie hingegen zu einer positiven, optimistischen Lebenshaltung bereits gefunden haben, erübrigt sich dieser letzte Übungsteil. Sie können dann das Programm bereits nach dem zweiten Schritt beenden. Weitere Anregungen zur Lebensbejahung habe ich übrigens im 4. Kapitel dieses Buches vorgestellt.

Die beiden Techniken zur Ich-Stärkung sind Mein wahres Ich und Die eine vollkommene Gegenwart in mir. Im Unterschied zu den vorherigen

Wortlauten mit der Du-Anrede sind die beiden Texte in der Ich-Form gehalten. Das steigert erfahrungsgemäß die positive Wirkung, und zwar auch wenn die Worte von einem anderen Menschen vorgetragen werden.

Mein wahres Ich (3 A)

(Im Anschluß an die autosuggestive Schmerzverwandlung oder auch sofort nach der Selbstversenkung:)

In diesem Zustand einer erhabenen Gemütsstille erlebe ich, wie der Körper mit jedem Atemzug wieder stärker und widerstandsfähiger wird ... in jeder Hinsicht stärker und widerstandsfähiger. Ich spüre deutlich und klar den unerschöpflichen Strom der Lebenskraft in mir weitersteigen, und ich fühle mich zutiefst wach, offen und mutig.

Ich bin bereit, die Änderungen, die mir helfen werden, geschehen zu lassen – mein Wille soll geschehen! Jede nächste Übung wird das gute, positive Lebensgefühl weiter steigern ... weiter wachsen lassen, und ich werde mich deshalb immer seltener schlaff und abgespannt fühlen ... immer seltener und seltener lustlos und schwermütig sein.

Mit der Energie, die in mir neu erwacht, vergeude ich keinen Gedanken mehr darauf, aufzugeben oder mit dem Schicksal zu hadern. Statt dessen will ich mich jeden Tag immer häufiger und länger darauf konzentrieren, was ich gerade tue. Indem ich mich in den bloßen Augenblick vertiefe, löse ich mich mehr und mehr von meinen vermeintlichen Schwächen und angenommenen Problemen ... immer weiter und tiefer gelöst.

Und so kommt es auch, daß ich immer weniger und seltener über mich selbst nachgrübele ... immer seltener und kürzer in den Gedanken bei irgendwelchen Schwierigkeiten verweile ... und immer seltener mit den unangenehmen Gefühlen und Schmerzen beschäftigt bin.

Auf diese Art werde ich tatsächlich von Tag zu Tag innerlich fester ... stärker ... belastbarer, und mein Gemüt bleibt länger ruhig ... still und ausgeglichen ... belastet und rein, wie das Innere der Sonne. Es herrscht eine leuchtende Ruhe und eine heitere Gelassenheit in mir.

Mit jeder Übung empfange und empfinde ich noch mehr persönliche Kraft und Freude, so daß ich mich in meinem gesamten Wesen freier und freier von jeder Störung oder Behinderung fühle – egal wo und wie lange ich schon unter dieser Störung oder Behinderung leide.

So lerne ich mit jeder Übung, mich besser und leichter zu konzentrieren. Ich lerne gleichfalls, frei und mühelos meine Aufmerksamkeit nur auf die Dinge zu richten, mit welchen ich mich tatsächlich beschäftigen will – alles andere lasse ich dann außer acht, alles andere ist unwichtig. Und das führt dazu, daß ich alles – auch Schmerzen – so erlebe, wie es wirklich ist.

Also brauche ich von jetzt an keiner Störung, keiner Beschwerde und keinen Schmerzen mehr zu erlauben, zu groß zu werden und mich zu überwinden. Im Gegenteil – es gelingt mir immer schneller und müheloser, meine Schwierigkeiten, Beschwerden oder Schmerzen aus eigener Kraft zu überwinden. Mit jedem Tag wächst in mir das wundervolle Gefühl der inneren Harmonie ... der stillen Zufriedenheit ... der grenzenlosen Begeisterung und Dankbarkeit für das Leben und dafür, was ich daraus machen kann, machen will und machen werde.

Auf diesem Wege lerne ich es, mich stärker und stärker auf

mich selbst zu verlassen. Ich entwickele immer mehr Vertrauen zu mir selbst ... ich habe mehr und mehr Zuversicht in die eigenen Fähigkeiten. Ich traue mir jetzt immer häufiger zu, auch Dinge zu tun, die ich mir wünsche, die für mich wichtig sind.

Ich bin nicht mehr gewillt, ständig nur für andere da zu sein, und immer nur das zu tun, was andere entschieden haben. Ich weiß und ich nehme innerlich für wahr, daß mich nicht alle Mitmenschen gleich mögen müssen – genauso wie auch ich sie unterschiedlich lieb habe. Davon unabhängig bin und bleibe ich im Vollbesitz meiner natürlichen Kräfte ... in allen Bereichen voll und bestens funktionsfähig.

Ich weiß und nehme innerlich für wahr, daß mir auch schon ein Fehler oder Mißgeschick widerfahren darf und widerfahren soll, damit ich die Möglichkeit erhalte, mich persönlich weiterzuentwickeln. Davon unabhängig bin und bleibe ich im Vollbesitz meiner natürlichen Kräfte ... in allen Bereichen voll und bestens funktionsfähig. Und deshalb fühle ich mich von Tag zu Tag in meinem gesamten Wesen freier und freier von jeder Belastung und von jedem Schmerz.

Mit jeder Übung wird in mir das Gefühl der eigenen Unabhängigkeit ... der inneren Freiheit ... des unbegrenzten Wohlergehens ... der persönlichen Sicherheit und Geborgenheit ... der tiefen Dankbarkeit und Begeisterung für das Leben noch stärker und spürbarer. Daher fühle ich mich mit jeder weiteren Übung noch zufriedener ... noch glücklicher ... noch gesünder, als ich es jetzt schon bin. Und das ist gut so.

(Nun folgt die Trancebeendigung.)

Die eine vollkommene Gegenwart in mir (3B)

(Im Anschluß an die autosuggestive Schmerzverwandlung oder auch sofort nach der Selbstversenkung:)

In diesem Zustand einer erhabenen Gemütsstille gelingt es mir immer besser und besser, die eigenen Gedanken zu beobachten und zu bestimmen. Mit jeder Übung nimmt meine Fähigkeit der Gedankenbeherrschung beständig zu. Jedesmal, nachdem ich mich in die Trance begeben habe, lebe ich mehr und mehr in diesem einen Augenblick, wo es vollkommen unwichtig ist, was zuvor war, was vergangen ist... völlig unwichtig. Ich versenke mich jetzt noch tiefer in die Stille des Augenblickes. Hier erkenne ich an, daß ich die Vergangenheit nicht ändern kann, und deshalb hat es keinen Sinn, darüber weiter zu grübeln und sich weiter verletzt zu fühlen.

Egal was je vorgefallen ist – ich lasse es in meinen Gedanken los und erfahre zutiefst, wie unwichtig es ist. Es gibt keine Möglichkeit, das Gewesene in der äußeren Wirklichkeit zu verändern – genauso wenig, wie ich zweimal in den selben Fluß steigen kann. Deshalb erlaube ich mir, das Gewesene zu vergessen und mich der Gegenwart des Augenblickes vollkommen zuzuwenden.

Die Zukunft erfahre ich genauso. Sie belastet mich nicht mehr, weil ich es ihr in meinem Denken nicht mehr erlaube. Statt dessen konzentriere ich mich voll und ganz auf den Weg der Stille. Deshalb erlebe ich auch eine immer größere Gelassenheit all jenen Dingen gegenüber, deren bloße Vorankündigung mir früher Sorgen, Angst und Schmerzen bereitet hat. Solange ich an diese Dinge nicht denke, sind sie für mich einfach nicht vorhanden, weder jetzt noch in irgendeiner anderen Zeit.

Ich übe mich täglich darin, ohne zu zögern und ohne zu überlegen nachsichtig zu sein. Ich wünsche jedem Menschen aus vollem Herzen und sofort seine persönliche Erfüllung, anstatt ihn nachträglich zu verwünschen.

Dies alles tue ich, weil ich es so will und nicht, weil ich es müßte. Mir ist klar geworden, daß es nur mein eigener Ärger und nur meine eigenen Enttäuschungen und Ängste sind, die mir in Wirklichkeit weh tun – und nicht die Taten und Worte der anderen Menschen. Deshalb will ich von jetzt an jede Gelegenheit wahrnehmen und lernen, in bedingungsloser Liebe und Vergebung zu leben. So gelingt es mir immer besser und besser, mein Gesamtbefinden positiv zu beeinflussen – weil ich nun weiß, daß alleine ich durch meine eigenen Einstellungen dafür verantwortlich bin, wie ich mich fühle und wie ich bin.

Eine solche Gemütshaltung ist die der Nächstenliebe. Sie bedeutet die Offenbarung der inneren Wärme und der persönlichen Zuneigung. Wenn ich jetzt meine Liebe schenken will, tue ich es ohne jede Bedingung. Ich erwarte in keiner Hinsicht eine Gegenleistung. Das war genau der Fehler, den ich so lange habe gelten lassen – die Erwartung von ganz bestimmten Dingen, die andere dafür tun sollen, daß ich zu ihnen nett und lieb bin. Wie häufig habe ich jedoch keinen Gegenwert bekommen und mich dann mißverstanden und verletzt gefühlt. Das ist alles vorbei – von jetzt an zeige ich meine Zuneigung, ohne dafür etwas zu fordern, einfach so, wie ich es will, und nicht weil ich es muß. Und das tut wirklich gut.

Eine andere, sehr wichtige Gemütshaltung betrifft die Selbstvorwürfe und Schuldgefühle, mit denen ich mich noch herumtrage. Ich bin jetzt fest davon überzeugt, daß mir die wohlgesinnten Menschen von damals meine Fehler längst vergeben haben, ohne es mich wissen zu lassen. Sicher, von einigen Menschen habe ich bisher geglaubt, daß sie mir nur Übles wollten. Also beginne ich sofort, mit ihnen in Gedanken nachsichtig umzugehen und ihnen vom Herzen das Beste zu wünschen. Denn es steht geschrieben: Vergebe uns, so wie wir den anderen vergeben. Und das bedeutet, daß jedesmal, wenn ich mit den anderen geduldig und nachsichtig bin, ich selbst für den gleichen Teil meiner alten Verfehlungen die bedingungslose Vergebung und Erlösung erhalte. Und das tut wirklich gut.

Auf die Art erlebe ich immer inniger und stärker, wie mir das Leben stets neue, wunderbare Gelegenheiten bietet, mich in meinem Denken, Fühlen und Handeln zu vervollkommnen . . . in stiller Eintracht und Besinnung mit mir selbst und mit dem Universum zu leben. Ereignisse, die ich früher so verstanden habe, daß ich davon Angst, Schwermut und Schuldgefühle bekommen mußte, sind für mich jetzt die wahren Quellen der Lebenskraft, der Lebensfreude und der persönlichen Entfaltung.

Denn der mich mit oder ohne Absicht zu kränken sucht, versucht doch nichts anderes, als mich mit Hilfe meiner eigenen krankmachenden Einstellungen zu seinen Worten und Taten zu treffen und zu schwächen. Ich aber habe mich nun entschieden, neu zu denken. Ich habe Geduld mit ihm und wünsche ihm das Beste. Und ich fühle mich in jeder Hinsicht wohl, frei und zutiefst zufrieden.

Die Macht der Vergebung erfüllt immer mehr und mehr mein gesamtes Wesen. Ich bin mir ihrer zu jeder Zeit immer stärker bewußt. Sie ist mein eigentliches Lebensziel, die wahre Aufgabe, die echte Herausforderung.

Sie ist für mich wichtiger als jede materielle Befriedigung, weil durch sie alles andere gemeistert werden kann. Mit jeder Übung darin empfinde ich weit mehr Erfüllung und Freude, als es mir die Dinge der Außenwelt je geben könnten.

Es ist eine immerwährende Freude und Erfüllung, die mit jedem Gedanken daran und mit jeder neuen Verwirklichung des Gedankens noch weiter wächst. Mein ganzes Denken, Fühlen und Handeln ist von der Macht der Vergebung durchwirkt. Und ich fühle mich in jeder Hinsicht wohl, frei und zutiefst zufrieden.

Ich weiß und ich will, daß mit jeder Wiederholung dieses neue Verständnis für mich und für die Welt, in der ich lebe, fester und dauerhafter wird. So wird es auch geschehen.

Es bereitet mir von Tag zu Tag immer weniger Schwierigkeiten, jene Einstellungen auszumachen, die bisher beinahe automatisch, ohne mein bewußtes Zutun, durch die dunklen Gefühle mein Gesamtbefinden negativ beeinflußt haben.

Es bereitet mir von Tag zu Tag immer mehr Freude, durch das neue Verständnis jene zerstörerischen Einstellungen so umzuwandeln, daß die daran gebundene Lebensenergie wieder frei in mir fließt und mein gesamtes Wesen wie das Innere der Sonne leuchtet.

In diesem Licht der Eigenschöpfung fühle ich mich zutiefst zufrieden und wohl. Und das tut gut.

(Nun folgt die Trancebeendigung.)

Übungsbegleitende Aufzeichnungen

Wenn Sie mit einem persönlichen Programm die Schmerzüberwindung zu üben beginnen, bauen Sie zunächst praktisch nur auf der guten Hoffnung, es möge Ihnen früher oder später spürbar helfen. Von der Hoffnung hängt überhaupt Ihr innerer Einsatz bei dem täglichen Training ab. Die Hoffnung ist nichts anderes als die *Motivation.* Und die Motivation muß wiederholt glaubhafte Bestätigung erfahren, daß nämlich Ihr Engagement richtig und lohnenswert ist, auch wenn die Schmerzen vorerst nicht deutlich weniger wurden.

Das einfachste Mittel zur Motivationsstärkung ist in diesem Falle die *Schmerzaufzeichnung.* Zu dem Zwecke besorgen Sie sich ein kleines Heft (DIN A5) und tragen auf jede Seite im Querformat das Muster ein, das Sie nebenstehend sehen. Jede Seite stellt folglich den Kontrollbogen für einen Tag dar. Die kontinuierliche Aufzeichnung hält – im Unterschied zu der losen Erinnerung – die Umstände aller übungsbedingten Schmerzveränderungen konsequent fest. Damit schaffen Sie sich eine konkrete Erfolgsgrundlage, auf die Sie wirklich vertrauen dürfen. Denn nehmen wir zum Beispiel an, Sie hätten nach drei Monaten plötzlich den Eindruck, auf der Stelle zu treten. Sie machen täglich Ihre zwei Standardsitzungen von je 5–10 Minuten, die Schmerzen kommen aber nicht von der Zahl 3 weg. »Und in den ersten zwei Monaten hat es doch so gut geklappt!« denken Sie sehnsüchtig und unzufrieden zurück. Fein, blättern Sie bitte in Ihrem Heft von dem heutigen Tag Nr. 94 zu den Tagen Nr. 30–40, und sehen Sie selbst: Sie übten ja wesentlich mehr, nämlich dreimal am Tage je 15–20 Minuten. Deshalb also gelang es Ihnen, von der Schmerzstärke 4/5 auf die 3 herabzusteigen. Und da wird Ihnen auch schon der Fehler klar: Vor lauter Freude und (berechtigtem) Stolz wurden Sie leichtsinnig und erwarteten jetzt offensichtlich, es würde ohne großen Aufwand »von alleine«

Tag der Übung: (laufende Nr.)

	Sitzung Nr.	Uhrzeit von – bis	Stärke der Schmerzen (0–5) vorher	nachher	Besondere Vorkommnisse während der Übung (positiv wie negativ)
Muss	1.				
	2.				
Soll	3.				
	4.				
Kann	5.				
	6.				

weiter so gehen, denn nach dem 45. Tag ließ der Trainingseifer eindeutig nach. Kein Wunder, daß Sie nach drei Monaten noch immer dort stehen, wo Sie schon mit eineinhalb Monaten waren, nicht wahr?

Die im Schema wie in dem fiktiven Beispiel angesprochene Schmerzbenotung will ich gleich erklären. Bis heute gibt es keine andere Methode für die Bestimmung der Schmerzstärke, als daß der Betroffene eine Zahl zwischen 0 und 5 (oder 10 bzw. 100) angibt. Die Null bedeutet natürlich »schmerzfrei« und die andere Zahl steht für den »stärksten vorstellbaren Schmerz«. Die Bewertung geschieht auf ein Zeichen hin spontan, d.h. sofort, unmittelbar, ohne Überlegung. Die genannte Zahl wird auch später nicht überprüft, sie gilt als richtig, sie IST richtig. Die Zahl erfaßt genau die Stärke, die der Schmerz in dem Augenblick hatte, als man danach fragte. Mit den Zahlen, die Ihnen kurz vor bzw. gleich am Ende der Übung einfallen, bekommen Sie also immer die richtigen Angaben.

Anmerkungen

JOYS Befehlstherapie (1985; orig. 1979) weist viele Gemeinsamkeiten mit SIMONTONS Visualisierungsmethode (1982; orig. 1978) auf.

SHEALYS Biogenik (1977) ist ein Teil seines 90tägigen Gesundheitsprogrammes. Die Weiterentwicklung dieses Verfahrens ist im Anhang beschrieben.

Die ersten zwei Teile meines Programmes der autosuggestiven Schmerzverwandlung begründete und belegte ich bis auf (1C) vollständig im dritten und im vierten Kapitel dieses Buches; die Übung (2C) setzt außerdem Kenntnisse der Theorie der Eingangskontrolle (MELZACK & WALL, 1983) voraus. (1C) selbst ist in der ersten Fassung bei SVOBODA (1984) nachzulesen, die Ursprünge liegen jedoch viel weiter zurück((VON SEBOTTENDORF, 1977; WEINFURTER, 1976; STRAUSS, 1979; auch BARDON, 1957). Die Bezugsquellen für den dritten Teil sind bei (3A) HARTLAND (1971; s. auch SVOBODA, 1984) und bei (3B) MASTERS (1972; daneben KEYES, 1980 und BENNETT, 1980).

Indirekt berücksichtige ich bei der Gestaltung des vorliegenden Kapitels noch die Arbeiten von JENCKS (1977) und von MILLER (1982). Die dort gemachten Vorschläge stimmen allerdings so weit mit den drei im Hauptteil vorgestellten Programmen überein, daß ich von selbständigen Darstellungen abließ.

Spätestens an dieser Stelle vermissen wohl etliche Leser die obligatorischen Anleitungen zu Körperübungen und zu angemessener Ernährung. Entsprechende Ratschläge und Verordnungen gehören ja in der Schulmedizin zur Vorbeugung wie zur Nachsorge; in einer »alternativen« Schmerzbehandlung dürften solche natürlichen Lebensweis(heit)en dann erst recht nicht fehlen – und überhaupt wisse doch jeder, daß ein gesunder Geist nur in einem gesunden Körper wohnen kann (mens sana in corpore sano). So und ähnlich mögen die Überlegungen lauten.

Gewiß – und dennoch habe ich meine guten Gründe dafür, daß ich in dieses Buch kein Bewegungstraining und keinen Diätplan aufnahm. Erstens steht für mich der geistig-seelische Aspekt ganz alleine am Anfang aller Dinge. Daher will ich am besten gleich dort (= im Gemüt) mit Veränderungen beginnen. Zweitens sind heutzutage ausreichend viele Informationen über die sinnvolle Körperertüchtigung und über die gesunde Ernährung jedermann frei und leicht zugänglich. Das läßt sich für den geistig-seelischen Bereich aber nicht behaupten. Drittens gibt es Schmerzzustände, die nur über ein Körpertraining einfach unerreichbar bleiben, wie der Phantomschmerz. Und auch die Nahrung an sich bewirkt noch keine Heilung, sondern erst die daran geknüpfte Geisteshaltung bestimmt, wie wir die in der Nahrung enthaltenen Energiequellen verwandeln (Joy). So viel also zu meinem Standpunkt, der das zeitlose Ideal der Beherrschung der Materie kraft Geistes anstrebt. Eine treffende Anmerkung zu diesem Weltbild hörte ich von Swami Rama:

Der ganze Körper findet sich im Gemüt–
aber nicht das ganze Gemüt ist im Körper.

Abschließend will ich erneut daran erinnern, daß jedes der Selbsthilfeprogramme grundsätzlich zur Behandlung aller Schmerzzustände geeignet ist. In dem Zusammenhang wiederhole ich die Worte von Gibson, daß die Schmerzen, die der Krebs erzeugt, sich in keiner Weise von den Zahn-, Magen- oder Rückenschmerzen unterscheiden (vgl. Kapitel 3, Anmerkungen).

Schmerzbestimmung

Bei der *Schmerzbestimmung* kennt die Fachliteratur zwei Grundformen: die einfache Skala für die Schmerzstärke, wo die Intensität normalerweise in Zahlenwerten von 0–10 oder 0–100 ausgedrückt wird; und den komplexen Fragebogen zu Schmerzerfassung, der meist mehrere dutzend Fragen beinhaltet. Bei den Skalen für die Schmerzstärke gewinnt der Typus »visuell analog« immer mehr an Bedeutung (vgl. Seemann, 1984). Der Patient hat dort jenen Punkt auf der Linie anzukreuzen, der seiner aktuell empfundenen Schmerzstärke entspricht.
Beispiel:

keine Schmerzen — stärkste vorstellbare Schmerzen

Die Strecke mißt immer 10 cm, und so ist es kein Problem, den Zahlenwert mit Lineal zu ermitteln. In unserem Beispiel ist die Schmerzstärke 7 bzw. 70.

Die in Kapitel 3 im Zusammenhang mit Hypnose erfolgte Bewertung über 10 Punkte (10 +) kommt im Experiment durch folgende Instruktion der Versuchsperson zustande: »Bei 0 spüren Sie also keine Schmerzen, bei 10 sind die

Schmerzen so stark, daß Sie den Versuch sofort abbrechen möchten; sollten wir dann noch weitermachen und die Schmerzen weiterwachsen, benutzen Sie einfach höhere Zahlen als 10.«

Die von mir vorgeschlagene Schmerzaufzeichnung gebraucht nun lediglich die Werte 0–5. Das ist zwar keine Dezimalangabe, doch bevorzugt man eben diese Bewertungsform sowohl in dem bekanntesten englischsprachigen Schmerzfragebogen, dem McGill Pain Questionnaire (MELZACK & WALL, 1983), als auch z.B. in dem Kopfschmerztagebuch (WITTCHEN & LÄSSLE, 1985).

Mittels des Fragebogens versucht man, das Schmerzgeschehen in seiner Gesamtheit für den Außenstehenden zugänglich zu machen, um (a) bei der Diagnostik verläßliche Aussagen treffen und (b) die Wirksamkeit schmerztherapeutischer Maßnahmen überprüfen zu können. Alleine im deutschsprachigen Raum sind mittlerweile mehrere solche Fragebogen im Gebrauch, z.B. der Fragebogen für den Schmerzpatienten der Deutschen Schmerzhilfe e.V. (1980; Dt. Schmerzhilfe, Woldsenweg 3, 2 Hamburg 20); der Fragebogen für Patienten der Ambulanz für Schmerzbehandlung in Göttingen (1983; Universitätsklinik, Robert-Koch-Str. 40, 34 Göttingen); das Heidelberger Schmerztagebuch (SEEMANN & ZIMMERMANN, 1984; II. Physiolog. Inst. d. Univ. Heidelberg, Im Neuenheimer Feld 326, 69 Heidelberg); und die Revidierte Mehrdimensionale Schmerzskala von CZISKE (1983). M.W. ist bisher lediglich das letztgenannte Instrument testpsychologisch begründet und daher »objektiv«, während alle übrigen Fragebogen nicht mehr als die persönlichen Standpunkte ihrer Verfasser widerspiegeln. So ist auch der von mir entworfene Fragebogen zur Erfassung von Schmerzzuständen (FES) zu verstehen, der aus 10 Hauptfragen und 2 Körperansichten zwecks Schmerzeinzeichnung besteht (siehe nächste Seiten). Der FES ist für die Erstinformation im Hypno-Behavioralen Programm zur Schmerzkontrolle (SVOBODA, 1984b) gedacht und reicht dafür vollkommen aus.

Fragebogen zur Erfassung von Schmerzzuständen (Svoboda, 1983)

Wichtig: Wenn Sie mehrere Schmerzempfindungen haben, benutzen Sie bitte für jeden Hauptschmerz einen neuen Fragebogen:

1. Art der Schmerzen: ....
   (Zeichnen Sie bitte die Schmerzen in dem beiliegenden Körperschema ein)

2. Seit wann haben Sie die Schmerzen? ....

3. Haben sich die Schmerzen seither verändert? JA / NEIN

   Wenn JA:

Wann? (Jahr)	Wie? (Stärke; Umfang)	Damit möglicherweise zusammenhängende Lebensumstände

4. Schätzen Sie bitte Ihre gegenwärtige Schmerzempfindung:

0%	25%	50%	75%	100%
○ -------	○ -------	○ -------	○ -------	○ ------
mild	mäßig	mittelstark	sehr stark	unerträglich

5. Bewußt registrieren Sie die Schmerzen:
   a) selten – gelegentlich – häufig – immer
   b) mehr nachts – mehr tagsüber – unabhängig von der Tageszeit

6. Bei wechselnder Schmerzintensität geben Sie bitte nähere Umstände an:
   Meine Schmerzen sind am schwächsten ....

   ....

   Meine Schmerzen sind am stärksten ....

   ....

7. Nehmen Sie schmerzstillende, Schlaf- oder Beruhigungsmittel ein? JA / NEIN
   Wenn JA: Seit wann? ....
   Momentane Medikation? ....

   ....

8. Haben Sie außer Medikamenten noch etwas anderes versucht? JA / NEIN
   Wenn JA: Was? ....

9. Gibt es in Ihrer Verwandtschaft jemanden mit ähnlichen Schmerzen? JA / NEIN

10. Umschreiben Sie bitte die Schmerzen möglichst plastisch oder versuchen Sie, einen Vergleich zu finden: ....

    ....

    ....

[Bei Platzmangel benutzen Sie bitte unter Angabe der Antw.-Nr. die Rückseite]

Körperschema-Bogen

Zeichnen Sie bitte Ihre Schmerzen in den Figuren ein.
Bei Ausstrahlungen benutzen Sie Pfeilzeichnungen, wie im Beispiel unten:

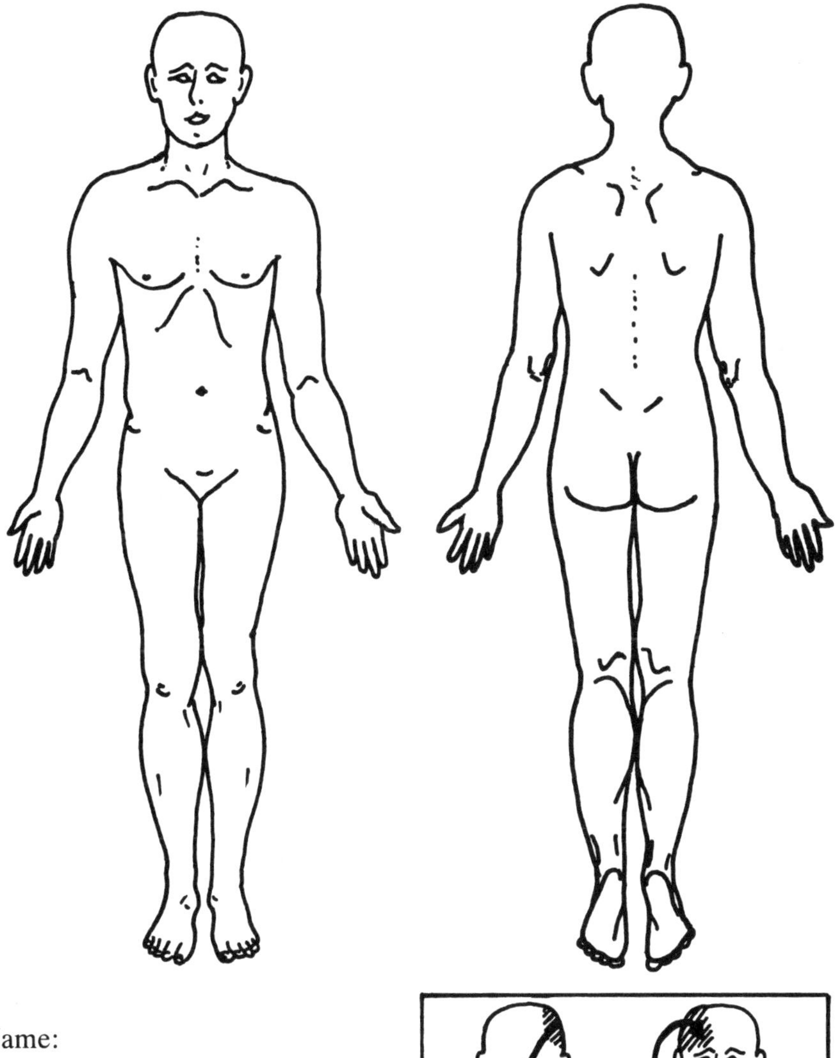

Name:

Datum:

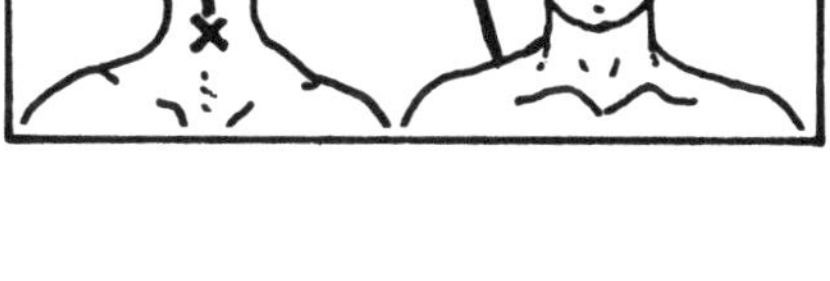

Kapitel 6

Erziehung zu Schmerzgelassenheit

Warum Erziehung?

Ursprünglich war dieses Kapitel ganz anders geplant. Ich hatte vor, hier für den Fachmann über neue Formen der stationären Schmerztherapie zu berichten, bei denen der Patient *ganzheitlich* behandelt wird. Der amerikanische Schmerzexperte Benjamin CRUE spricht in dem Zusammenhang von einer Klinik, in der »man den Geist (das Gemüt) gut behandelt, damit der Körper wieder gesund werden kann«. Das heißt, daß die Psyche genauso aufzubauen ist wie der Körper, damit eine echte und dauerhafte Genesung erwartet werden darf. Ich hielt diesen Teil für gesellschaftlich derart brisant, daß ich ihn im Vorwort als einen konkreten Beitrag für die künftige Neugestaltung des Gesundheitswesens würdigte. Im Anhang dieses Buches finden Sie nun wenigstens die Grundideen von Norman SHEALY, dessen mittlerweile 15jährige nachweislich erfolgreiche Betreuung von chronischen Schmerzpatienten für mich persönlich das wichtigste Vorbild ist.

Denn als das Kapitel fertig stand und ich mich bereits auf die Gegenstimmen freute, wurde mir plötzlich bewußt, daß es einen noch radikaleren und auch für den Nicht-Fachmann machbaren Gesundheitsauftrag gibt. Ich nenne ihn *Erziehung zu Schmerzgelassenheit.*

Er ist die Verpflichtung unseren Kindern gegenüber (die ja sonst die künftigen Schmerzpatienten sind, mit der ganzen Hilflosigkeit und Abhängigkeit, die es bedeutet und die wir niemandem auf der Welt wünschen). Die von mir vertretenen Maßnahmen sind für uns Erwachsene kaum annehmbar, weil wir schon längst in unserer Schmerzbereitschaft festgelegt sind. Dies habe ich bereits im ersten Kapitel ausgeführt. Wenn der Erwachsene seine Schmerztoleranz verändern will, kostet es ihn viel innere Überwindung. Das Kind jedoch ist grundsätzlich für jede Erfahrung offen und es liegt in unserer Hand, wie wir es anleiten.

Der unkonventionelle kreative Umgang mit Alltagsverletzungen, bei dem die Schmerzempfindung deutlich herabgesetzt oder vollständig ausgeschaltet wird, ist nichts anderes als ein rein psychologischer Vorgang der Konzentrationslenkung. Das Kind lernt einfach, seine Aufmerksamkeit nicht auf »die« Schmerzen fixieren zu müssen, zu denen ihn der Erwachsene durch sein Erschrecken und Mitleid praktisch zwingt. Statt dessen konzentriert sich das Kind auf Nicht-Schmerzen. Hören wir dazu am besten einige private Geschichten.

Erlebnis von Milton Erickson

Den Anfang macht Milton Erickson, der wohl originellste und einflußreichste Hypnosefachmann der modernen Zeit. Er erzählt eine Begebenheit mit seinem dreijährigen Sohn:

Robert fiel eine Haustreppe herunter, riß sich die Lippe auf und schlug sich dabei einen oberen Zahn in den Kiefer ein. Er blutete sehr stark und schrie laut vor Angst und Schmerzen. Ich und die Mutter eilten ihm zu Hilfe. Der erste Blick auf ihn, wie er da auf der Erde lag, weinte, den Mund voller Blut und die Blutlache auf dem Gehsteig verriet, daß wir sofort etwas wirksames dagegen unternehmen müssen.

Wir versuchten aber nicht ihn hochzuheben (und in der üblichen Weise zu trösten). Statt dessen sagte ich in einem stillen Augenblick, als er gerade Luft holte, um vom neuen zu schreien, mit Nachdruck und Mitgefühl: »Das tut aber weh, Robert. Ich weiß, so was tut fürchterlich weh.«

In der nächsten Pause fuhr ich im gleichen Ton fort: »Und es wird noch weiter wehtun.«

Und als dann wieder eine Pause kam, fügte ich hinzu: »Du möchtest ganz bestimmt, daß es aufhört wehzutun, oder?«

(Bis zu dieser Stelle handelte es sich um nichts anderes als um Bestätigungen dafür, was für den verletzten Sohn klare Tatsachen waren. Der Vater gab praktisch nur das innere Gespräch des Sohnes wieder. Es waren alles Gedanken, die vollkommen paßten – keine Lügen! Plötzlich und unauffällig folgte jetzt die erste konstruktive Umlenkung der Aufmerksamkeit beim Kind:)

Wir waren nun so weit, daß ich ihm eine Suggestion anbieten konnte, die er mit einiger Wahrscheinlichkeit ohne Widerstand annehmen würde. Der neue Gedanke lautete: »Vielleicht hört es auch bald auf, warum eigentlich nicht? – Warten wir doch noch 1 oder 2 Minuten ab.«

Der nächste Schritt bestand darin, anzuerkennen, was Robert die ganze Verletzung bedeutete – den Schmerz, den Blutverlust (und -anblick), die Körperverletzung, mit einem Wort also den Verlust seines gesamten Wohlbefindens. Doch auf der anderen Seite, paradoxerweise fühlt sich das menschliche Wesen nach einem solchen Mißgeschick häufig geradezu stolz, und dieser Stolz auf das eigene Leid tut so gut, ja er tröstet gar über den Schicksalsschlag hinweg. Und in diese Richtung lenkte ich jetzt Roberts Aufmerksamkeit: »Meine Güte, da muß aber schrecklich viel Blut geflossen haben – der Gehsteig ist voll davon. Ist es wirklich das gute, starke, rote Blut? Schaue es dir doch auch an, Mutti, und sag es uns. Ich denke schon, daß es das Blut ist, aber ich möchte es ganz genau wissen.«

Wir untersuchten sofort das Blut auf dem Gehweg näher und stellten befriedigt fest, es sei wirklich das gute, starke, rote Blut, wie wir es uns eben gedacht hatten. Um jedoch auch die letzten Zweifel zu beseitigen, schlugen wir Robert vor, das Blut gegen den weißen Untergrund der Waschschüssel im Badezimmer zu begutachten. Zu diesem Zeitpunkt hörte er bereits auf zu weinen, und seine Schmerzen und Ängste waren wie verflogen. Statt dessen war Robert voll mit der für ihn so wichtigen Frage nach der Güte des eigenen Blutes beschäftigt.

Seine Mutter nahm ihn hoch, trug ihn ins Badezimmer und goß ihm Wasser übers Gesicht, um zu sehen, ob das Blut »sich mit dem Wasser richtig vermischt« und ob es dem Wasser »die richtige rosa Farbe gibt«. Dann wurde das Rot sorgfältig überprüft und erneut für gut befunden, woraufhin das Rosa noch einmal bestätigt wurde, als wir ihm das Gesicht sauber wuschen. Robert war vollkommen zufrieden, denn sein Blut – daran bestand jetzt nicht einmal ein leiser Zweifel mehr – war gut, stark und rot und es vermischte sich mit dem Wasser zum richtigen Rosa.

Dann kam die Frage auf, ob sein Mund »richtig blutet« und »richtig angeschwollen ist«. Eine genaue Untersuchung ergab, dem sei so. Robert fühlte sich sichtlich wohl, weil er schon wieder bestätigt bekam, daß alles richtig und wie erwartet geschehe und er deshalb in jeder Hinsicht ganz normal und gesund sei.

Zu guter Letzt mußte noch die aufgeschlagene Lippe genäht werden. Um ihn darauf positiv einzustimmen, äußerte ich mein größtes Bedauern darüber, daß er zwar einige Stiche bekommen werde, aber kaum so viele, wie er zählen könnte. Um ehrlich zu sein (fuhr ich fort), es sehe ganz danach aus, als könnte er nicht einmal 10 Stiche kriegen, und er könne doch schon bis 20 zählen. Es sei einfach ein Pech, daß er weder 17 Stiche wie Betty Alice noch 12 Stiche wie Allan haben konnte; andererseits aber habe er das Glück, mehr Stiche zu kriegen als die anderen Geschwister Bert, Lance oder Carol. Auf die Art wurde die Gesamtsituation (des bevorstehenden chirurgischen Eingriffes) in ein Ereignis umgewandelt, das ihn seinen älteren Geschwistern gleichstellte und ihm sogar das Gefühl der Überlegenheit gab (worauf er sich also freute).

*Beim Chirurgen war Robert nur noch auf die Aufgabe bedacht, »die Stiche richtig mitzuzählen«. Zu seiner Enttäuschung waren lediglich sieben Stiche notwendig. Der Chirurg betonte jedoch, der Nähfaden sei ganz neu entwickelt worden und viel besser als derjenige, mit dem seine Geschwister je behandelt worden waren; außerdem würde die Narbe sehr ungewöhnlich ausfallen, wie ein »W«, und das sei doch der Namensbuchstabe eines guten Bekannten vom Vater. Damit wurde die als zu gering empfundene Anzahl der Stiche bestens wettgemacht.**

Erlebnis von Jack Schwarz

Jack SCHWARZ, der Meditationslehrer (siehe Kapitel 4), ist besonders durch seine Fähigkeit bekannt, Schmerzen und Blutungen willentlich zu kontrollieren. Bei seinen Demonstrationen benutzt er eine sehr lange,

---

* MH. Erickson: Pediatric hypnotherapy. 1958, American Journal of Clinical Hypnosis, Bd. 1, S. 25–29

schmutzige Nadel, die er sich so durch den Arm stößt oder stoßen läßt, daß sie auf der anderen Seite wieder herauskommt. Im folgenden spielt er auf diese Fähigkeit an, um das Erlebnis seiner Tochter verständlich zu machen:

Genauso wie sie wurde auch ich trainiert – ich sollte besser sagen, ich bekam die gleiche Gehirnwäsche oder Konditionierung, daß wenn man eine Nadel nimmt und damit den Bizeps durchsticht, sollte es auf jeden Fall wehtun, dann bluten, und wenn die Nadel schmutzig ist, sollte es zu einer Infektion kommen. Daneben sollte es mindestens soundso viele Tage dauern, bis die Wunde verheilt. Schließlich sollte man die Möglichkeiten einer Blutvergiftung nicht vergessen . . .

Es ist so faszinierend, in dieser Hinsicht von Kindern zu lernen. Nicht umsonst heißt es: »Lasse dich wieder Kind sein, denn jenes weiß längst, wonach du jetzt suchst!«

Ich denke gerade an meine kleine Tochter, die von ihren älteren Brüdern beim Fangspiel gejagt wurde und dabei über einen Stein stolperte. Sie stürzte mit einem Knie dagegen, die Haut platzte auf und das Blut kam herausgeschossen. Sie kümmerte sich aber nicht weiter um die Verletzung, die Brüder waren ja hinter ihr her. Sie wußte, sie müsse schnellstens wegkommen – und das tat sie, indem sie sofort hochsprang und weiterrannte. Als sie später heimkam, dachte sie längst nicht mehr daran, verletzt gewesen zu sein und geblutet zu haben. Zu Hause wurde es ihr jedoch umgehend bewußt gemacht, weil die Mutter beim ersten Anblick ihres Knies sagte: »Oh, was ist denn bloß mit deinem Knie passiert, mein armes Kind? Es hat doch geblutet! Tut es dir sehr weh?« Obgleich die Tochter bis zu diesem Moment keine Beschwerden hatte, verspürte sie unmittelbar starke Schmerzen. Und als die Mutter noch hinzufügte: »Es sieht ganz schön schlimm aus – wasche es besser ab«, tja, da öffnete sich die Wunde und fing an zu bluten, um die Stelle sauberzuwaschen!

Das ist eine wichtige Lehre, meine ich. Solange das Kind imstande war, sich von seiner Verletzung im Geiste zu lösen, konnte die Heilung sehr schnell vonstatten gehen. Ich sage dazu nicht »Mißachten (der Verletzung)«, ich nenne es »Sich Dis-identifizieren (davon)«. Es bedeutet, sich auf eine

*Sache zu konzentrieren, die man »höher« (d.h. persönlich wichtiger) bewertet als die Verwundung des Körpers. Und das halte ich für wesentlich angebrachter und hilfreicher, als wenn man die Aufmerksamkeit wie üblich eben auf jenen Körperteil lenkt, der gerade nicht in Ordnung ist. Sie müssen wissen: Womit man sich zu sehr identifiziert, davon wird man am Ende beherrscht!**

Eigene Suche

Aus den Techniken in Kapitel 3 und 4 entwickelte ich für die eigene Kindererziehung ein spielerisches Ablenkungsmanöver, das meine Frau ebenfalls befürwortet. Einvernehmlich lassen wir die Ablenkung unserer kleinen Tochter Johanna bei den üblichen Bagatellverletzungen angedeihen. Denn ich selbst weiß nur zu gut, wie die kleinen Schnitt- oder Platzwunden durch falsch geleitete Aufmerksamkeit und ungünstige Vorstellungskraft erst recht bluten und brennen, wie die Angst beim Zahnarzt den Körper schon beim Ansetzen des Bohrers unbeschreibliche Grausamkeiten empfinden läßt, und noch so einiges mehr. Solche Fehlentwicklungen möchte ich meinen Kindern ersparen. Und deshalb üben wir Johanna seit ihrem 10. Lebensmonat in Schmerzgelassenheit. Das typische Vorgehen sieht so aus:

Johanna klemmte sich offensichtlich gerade einen Finger in der Schranktür ein. Sie läuft auf mich zu, hält eine Hand hoch und weint herzzerreißend. Ich frage sie: »Ach mein Liebchen, hast Du Dir einen Finger eingezwickt?« Sie nickt voller Tränen zu und hält mir die Hand hin. Ich greife absichtlich nach der anderen Hand. Heftiger Protest. »Entschuldigung, die war's also nicht. Zeig' mal her – war es der Finger?« Dabei berühre ich willkürlich einen Finger. Kopfschütteln. »Also gut, der war es nicht.« Ich deute auf einen anderen Finger. »Und der?« Kopfnicken. »Fein, der Finger war's also ... Und der?« Ich frage die übrigen Finger

---

* J. Schwarz: Voluntary control of internal states. Audio-Cassette. Bezugsquelle s. Anmerkungen, S. 128

durch. Dann fasse ich zusammen. »Gut, der war's nicht«, (mit gleichzeitiger Berührung des gemeinten Fingers) »der auch nicht, und der und der auch nicht. Und die andere Hand war's auch nicht, gelle?« Laufende Zustimmung. »Dann bleibt nur noch der da übrig – und der war's, was?« Die Augen leuchten.»Gib mir doch dein Aua! ... Gibst Du's mir?« Ich halte meine Hand offen hin. Sie zögert noch etwas. »Ach komm, ich möchte es so gerne, gib doch her – schau, jetzt habe ich's!« Schnell ihren Finger handschuhartig gefangen und sofort meine Hand weggezogen und zur Faust geballt, um die Schmerzen zu halten. »Aua, das tut aber weh, aua, aua...« Ich ziehe Grimassen, wälze mich auf dem Boden, mache alles, um sie zum Lachen zu bringen. Und sie lacht auch. Über den Papa? Warum nicht?

»Hej, ich kann's nimmer aushalten, jetzt werfe ich das Aua gleich zum Fenster weg. Gut so?« Sie ist einverstanden. »Welches Fenster wollen wir dafür nehmen?« Sie überlegt es sich noch, in der Zeit komme ich schon auf die Beine. Die Schmerzen halte ich ganz ganz fest, sie kann es mir ansehen. Sie läßt mich endlich das Fenster wissen (hätte sie's nicht, hätte ich ihr das mit dem großen Baum dahinter vorgeschlagen – weil der Baum so stark ist und mein Aua ihm nichts anhaben kann). Das Fenster bleibt zu, ich hole weit aus, die Hand noch immer zur Faust geballt, und sage zu ihr »Guck zu. Gleich fliegt das Aua fort.« Dann werfe ich es durch das geschlossene Fenster hinaus und pfeife durch die Lippen wie der Wind »Huiii...« »Da fliegt es, siehst Du's noch?« Und sie nickt und lacht und zaubert gleich ein nächstes Aua herbei, weil es so ein lustiges Spiel ist.

So weit ein Alltagsvorfall. – Johanna ist jetzt zweieinviertel Jahre alt. Wir hoffen, daß sie mit zunehmendem Alter immer besser imstande sein wird, ihre Schmerzempfindlichkeit aus eigener Kraft und je nach Umständen einzustellen. Genau wissen wir es natürlich noch nicht, aber es gibt so etwas wie die ersten Bestätigungen dafür, daß sie dieses »Handauflegen« schon gut verinnerlichte. Ich war selbst einige Male zugegen, wenn sie bei einem anderen Kind, das sich gerade sehr hart anstieß, schnell hinlangte, die Schmerzen in ihre Hand einfing und mit einem Windpfiff wegwarf. Nur verstanden es die anderen Kinder niemals. Eines war sogar richtig beleidigt und wurde wütend, weil es glaubte, veralbert worden zu sein. Und eben diese Vorkommnisse sind für mich eindeutige Belege für die Wirksamkeit der geistigen Schmerzheilung: Denn hätte die kleine Tochter sonst von sich aus das Mittel aufgegriffen, wenn sie nicht aus eigener Erfahrung wüßte, daß es wirklich hilft?

Lachen gegen Schmerzen (K. O. Schmidt)

Eine besonders schöne und tiefsinnige Episode über das gemeinsame Lachen gegen Schmerzen vermachte uns K. O. SCHMIDT, der unvergeßliche Lebensberater. Um sie anzunehmen, lesen Sie jetzt bitte »mit dem Herzen«:

... Hänschen ist gefallen. Aber es ist nicht schlimm, wie ich sehe. Dennoch verzieht er sein Gesicht bereits nach allen Seiten und ein Tränenwolkenbruch scheint niedergehen zu wollen. Das muß schnell verhütet werden. Aber wie? Nur eines fällt mir ein: Lachen.

Und ich lache, herzlich, glücklich; lache, da ich gleich seine Schmerzvorstellungen übertäubt und auch ihn zum Lachen gebracht haben werde; lache, daß er mich bereits ganz erstaunt ansieht und die Falten wieder »aus dem Gesicht tut«; lache, daß abermals seine Mundwinkel wandern, diesmal aber nicht mehr nach unten, sondern nach oben. Im Augenblick scheinen die Mundwinkel noch halb erstaunt, als wollten sie sagen: Was ist denn mit dem da? Was guckt der uns an? Was gibt's denn da zu lachen? Aber schon sind sie halb verleitet, MITzulachen.

Und siehe da: jetzt bricht auch beim Hänschen die Vergnüglichkeit durch, lachend steht er auf und kommt vergnügt zu mir. Alles andere ist vergessen; die Sonne scheint wieder.

Um so lachen zu können, muß man Kinder lieben, dann braucht man nicht einmal zu wissen, ob sie Hans oder Peter heißen.

Was tut denn die Mutter anderes, wenn sie ihr Kindchen auf den Schoß nimmt, ihm die schmerzende Stelle streichelt und dazu leise einflüsternd den uralten Kinderspruch widerholt:

Heile, heile Segen / Drei Tage Regen
Drei Tage Schnee / Es tut nicht mehr weh!

Sie weiß: Es tut dann wirklich nicht mehr weh. Das geht über alle Wunder des Fernfühlens und Fernwirkens hinaus. Das ist innerliches Zusammenschwingen zweier Seelen ...

Auf die Macht des positiven Denkens bei Schmerzüberwindung weist noch eine andere Begebenheit hin, die K. O. SCHMIDT erzählt:

... Fritz ist gefallen und kommt, weil das Knie schmerzt, weinend zum Onkel. Dieser guckt sich die Stelle an und haucht ein paarmal kräftig dagegen. Da er sich für sein Leiden interessiert, hat er bereits das Vertrauen des Kindes gewonnen ...

»O, das ist gar nicht schlimm, paß mal auf, das ist gleich weg«, sagt der Onkel. »Als ich so groß war wie du, bin ich auch oft gefallen, aber ich bin dann immer gleich aufgestanden, habe mich geschüttelt, – siehst du, so! – und dann war es weg!«

Fritz strahlt, schüttelt sich wie der Onkel und lacht dann.

»Siehst du, genau so hab' ich dann auch immer lachen müssen. JETZT MACHST DU ES IMMER SO, *dann kann dir gar nichts mehr weh tun.« Und schon ist die ganze Sonnigkeit wieder da.*

... Aber noch etwas ist da: Fritz denkt darüber nach, wie es kommt, daß der Schmerz verschwindet. Schließlich fragt er: »Woher kommt es, daß es nicht mehr weh tut?«

»Vom Denken.«

»Vom DENKEN? *Wie ist das, Onkel?«*

»Ja, wenn du ganz fest daran denkst: ES GEHT VORÜBER!, *gehen die Schmerzen weg!«*

»Warum?«

»Die Gedanken jagen sie weg. *

Die letzte Anregung kommt dann von einem guten Freund. Er erzählte mir, wie er eine meditative Technik für seine einjährige Tochter umwandelte. Wenn sie sich verletzt und zu ihm kommt, läßt er sich von ihr sofort

---

* K. O. Schmidt: Vorgeburtliche Erziehung. 1975[2], Engelsberg/Schweiz + München: Drei Eichen Verlag

zu der Selle führen, wo es geschah – sagen wir, es war eine Tischecke. Nun bewegt er seine Tochter dazu, eben dieser einen Tischecke zu vergeben. Gemeinsam streicheln der Vater und das Kind das Möbelstück und wünschen ihm laut vom Herzen das Beste.

Wie gegensätzlich ist da die sogenannte Normalreaktion: Der Tisch wird von dem Erwachsenen unmittelbar für »böse« erklärt und das Kind verleitet, zurückzuschlagen. Erst recht kann es sich nun blaue Flecken holen und in Wut steigern.

Und – so – weiter...

... Merken Sie jetzt selbst etwas?

Anmerkungen

Die Worte von CRUE gibt HAAF (1977) wieder. Die Geschichte von ERICKSON erschien 1958; Textstellen in Klammern sind von mir, weil das Original dort entweder zu lang oder zu fachlich ist. Die Erfahrung von SCHWARZ hörte ich in seinem Vortrag »Voluntary control of internal states«; die Bezugsquelle nannte ich bereits in den Anmerkungen zum 4. Kapitel. 1985 begannen meine eigenen Versuche mit der Erziehung zu Schmerzgelassenheit. SCHMIDT (1975) befaßt sich in seiner Arbeit mit den verschiedensten Aspekten der Kindererziehung; der Umgang mit Schmerzen ist nur ein kleiner Teil davon.

Im Haupttext nicht erwähnt habe ich den faszinierenden Eigenbericht von KUWAHARA (1957). Ich tat es aus ethischen Überlegungen, weil hier nicht mit Liebe, sondern mit Haß »erzogen« wurde. Aber ich kann sein Beispiel nicht verschweigen, denn er ist wirklich lehrreich. Yasuo KUWAHARA wurde 1943 mit 15 Jahren bei der japanischen Armee zum Kampfpiloten und künftigen Kamikazeflieger ausgebildet. Von den Rekruten verlangte man absolute Unterwerfung, praktisch die Aufgabe ihrer Persönlichkeit. Das Mittel zum Zweck war einfach – Schmerz, Schmerz und noch einmal Schmerz. Die grausamen Züchtigungen brachten KUWAHARA in seinem täglichen Kampf ums nackte Überleben zu spontanen Entdeckungen, wie er die ihm zugefügte körperliche Pein durch Aufmerksamkeitsverschiebungen lindern kann.

Anhang

Die holistische Schmerzklinik
Von N. Shealy

Holistisch bedeutet soviel wie ganzheitlich, und in diesem Zusammenhang heißt es, daß dem Patienten eine geistig-seelisch-körperliche Erziehung für den Umgang mit Schmerzen zuteil wird. Seit der Gründung seiner Schmerzklinik 1971 verfolgt SHEALY beständig zwei Ziele: (1) den Einsatz jeder wissenschaftlich tragbaren Methode zur Schmerzbekämpfung, sofern jene dem Patienten nicht nachhaltig schaden kann (also auch keine Radikaleingriffe); und (2) die Erstellung eines individuellen Programmes zur Unterstützung des schmerzunvereinbaren Verhaltens sowie eine Umkonditionierung der Körperempfindungen zwecks einer Schmerzlinderung bzw. -beseitigung.

Das Programm dauert in der Regel 14 Tage. An den ersten zwei Tagen wird jeder Patient medizinisch und psychologisch untersucht, wobei auf die Ernährung ein besonderer Wert gelegt wird. Am dritten Tag beginnt die eigentliche Therapie. Die für jeden Patienten verbindliche Teile sind Biogenik, Vorträge und Gruppendiskussionen, Einzelgespräche, Massage, Biofeedback und Gymnastik. Daneben besteht die Möglichkeit der Akupunktur, Medikamentenentgiftung, Nervenblokkaden, Kälte- oder Wärmetherapie, Wassermassage, der Transkutanen Elektrischen Nervenstimulierung (TENS) u.a. Die Schlüsselfunktion fällt dabei dem Biofeedback-Training zu, weil nur durch fortgesetzte autosuggestive Übungspraxis zuhause eine dauerhafte Schmerzkontrolle zu erreichen ist: »Die Klinik ist nicht mehr als eine Art Lebensschule; wir geben Ihnen das Werkzeug und das Wissen, wie damit umzugehen ist, aber Sie müssen schon selbst aufbrechen und die Mittel tatsächlich nutzen« (1984). Die meisten Patienten benötigen dann täglich 6–12 autosuggestive Übungseinheiten von je 5–20 Minuten für die Dauer von mindestens 6 Monaten, um den Erfolg zu stabilisieren.

In der aktuellen Fassung (1983) wurde das eigene Biogenik-Training auf die Selbstregulation der körperlichen Funktionen, die Homöostase, eingegrenzt. Die anderen psychologischen Aspekte werden gesondert ausgewiesen (vgl. Orig. version 1977, Kap. 5). Konkret soll nun der Patient folgende Schritte erlernen und weiterüben:

1. Biogenik (verschiedene Einzeltechniken)

- Sprechen Sie mit dem Körper (Instruktionen des Autogenen Trainings)
- Nehmen Sie den Körper an – Sie werden keinen anderen bekommen, und wenn Sie ihn ablehnen, dürfen Sie nicht erwarten, daß sich sein Zustand bessern wird.
- Spüren Sie den Puls im ganzen Körper. Jede Körperzelle schwingt im Rhythmus des Herzschlages. Indem Sie darin aufgehen, gelingt es Ihnen in Wirklichkeit, die Empfindung unter die willentliche Kontrolle zu bringen. Auf diesem Wege können Sie dann die Kontrolle über die Körpertemperatur gewinnen. Die Temperatur ihrerseits und die Schmerzen hängen sehr eng zusammen; wenn Sie also das eine Körpergefühl willentlich beherrschen, nehmen Sie dadurch Einfluß auch auf das andere Körpergefühl.
- Stellen Sie sich vor, daß Sie am ganzen Körper durch die Haut atmen. Wenn Sie es lange genug an einem beliebigen Körperteil praktizieren, wird darin nicht nur das »innere Gleichgewicht« anwachsen, sondern der Körperteil wird sich »taub« anfühlen.
- Gehen Sie schrittweise im Geiste durch den Körper. Während der Einatmung achten Sie gezielt auf jede Verspannung, die Ihnen begegnet. Mit der Ausatmung lösen Sie die Verspannung auf.
- (Progessive Muskelentspannung nach Jacobson)
- Vergegenwärtigen Sie sich, daß der Körper vollkommen in Ordnung ist. Sie erleben den Zustand als eine Tatsache.
- Stellen Sie sich vor, wie Sie durch den Körper kreisförmig elektrische Energie leiten. Bei der Einatmung soll sie die Rückseite des Körpers hinauffließen, bei der Ausatmung soll sie die Vorderseite des Körpers hinunterströmen.
- Stellen Sie sich vor, daß Sie das elektromagnetische Feld Ihres Körpers spiralenförmig ausdehnen. Sie bewegen sich von den Füßen zum Kopfscheitel. Der erste Kreis ist eine Fingerbreite weiter (2–3 cm), der zweite Kreis eine Spanne weiter (20–25 cm).

2. Emotionales Gleichgewicht (siehe auch Kapitel 4)

- Erkennen Sie das aktuelle negative Gefühl und bestimmen Sie die innere Einstellung zu dem vorhandenen Problem, die das Gefühl begleitet.
- Lösen Sie sich von dem Problem und von der Einstellung durch tiefe Entspannung.

- Lassen Sie dann das Problem vom neuen auftauchen und betrachten Sie es vollständig, ohne es aber persönlich zu nehmen.
- Entscheiden Sie zwischen drei Möglichkeiten

(a) Das Problem läßt sich durch Taten (Gespräch, Brief, Vermittlung durch einen Dritten usw.) aus der Welt schaffen.

(b) Das Problem läßt sich an sich nicht ändern. Stellen Sie also im Geiste eine Liste mit allen guten und schlechten Seiten davon auf.

- Wenn das SCHLECHTE überwiegt,
  VERZICHTEN SIE MIT FREUDE!
- Wenn das GUTE überwiegt,
  AKZEPTIEREN UND VERGEBEN SIE!

3. Lebensziele

Egal was Sie vom Leben bekommen möchten, Sie müssen zunächst bestimmen, was Sie erschaffen wollen, und nicht was Sie loswerden wollen.

Was Sie nun erreichen wollen, fassen Sie in einem Satz von weniger als 12 Worten zusammen. Formulieren Sie positiv in Gegenwart, als wäre Ihr Wunsch bereits in Erfüllung gegangen:

»Ich bin zufrieden und fühle mich wohl.«

»Mein Körper ist leicht, hell und durchlässig.« usw.

Dazu stellen Sie sich vor, wie es geschehen ist. Sie können symbolische Imaginationen genauso wie ganz realistische Szenen entwickeln. Es ist nur wichtig, daß Sie die Vorstellung voll und ganz annehmen.

4. Im Einklang sein

Letztlich soll und muß jede ernsthafte Bemühung um die Selbstregulation den spirituellen Einklang anstreben, indem der einzelne seine urpersönlichen, immateriellen Werte zu erkennen und zu beachten lernt.

Beinahe alle Menschen glauben an:

»Das Leben nach dem Tod.«

»Die Unsterblichkeit der Seele.«

»Gott«.

»Die goldenen Regeln.«

»Einen Sinn des Lebens.«

Ein solcher Sinn taucht immer auf, wenn der Mensch zuläßt, daß seine Nachsicht, Toleranz, Gelassenheit, Mitgefühl, Zuversicht, Güte, Freude, Glaube, Mut, Überzeugung, Weisheit, Liebe ungehindert weiterwächst.

Zu den Schmerzzuständen, die nach diesem Programm behandelt werden, zählen Rückenschmerzen, Arthritis, Magengeschwüre, Phantomschmerzen, Kopfschmerzen, Schmerzen nach Schlaganfall, Postoperative Schmerzen und Angina pectoris.

Die Nachbefragung (1984) von 800 Patienten ergab folgende Daten:

- 70 % der Patienten berichteten von Schmerzlinderungen zwischen 50–100 % nach 2 ½ bis 3 Jahren (1982).
- 90 % der Patienten waren medikamentenfrei, abgesehen von Aspirin und von Acetaminophin (ein Analgetikum).
- Bei medizinischen Behandlungen, die nach dem Programm vorgenommen wurden, konnte eine Kostensenkung um 85 % verzeichnet werden.
- 90 % der Patienten gaben eine wesentlich bessere Gemütsverfassung an.
- 35 % der Patienten waren wieder berufstätig.

Nachwort

Dies ist der Weg zu Freiheit von Schmerzen und Sorgen:

So denket, als wäre jeder einzelne Gedanke von Euch mit Feuer auf den Himmel zu brennen, für jederman und für alles sichtbar. Und dem ist so.

So sprechet, als wäre die gesamte Welt nichts anderes denn ein einziges Ohr, das alles zu hören begehrt, was Ihr sagt. Und dem ist so.

So benehmet Euch, als hättet Ihr jede einzelne Tat auf dem eigenen Leibe zu spüren. Und dem ist so.

So wünschet, als wäret Ihr selbst der vollendete Wunsch. Und dem ist so.

So lebet, als wollte Euer Gott von Euch, daß Ihr sein Leben lebt. Und dies ist wahr: So möge sein Wille geschehen.

Mikhail NAIMY, The book of Mirdad

Literaturverzeichnis

Ackerknecht EH: Mesmerism in primitive societies. 1948, Ciba Symposia, Bd. 9, March-April, S. 826–831

Adrian Ch & Barber J: Introduction. 1982, in Barber & Adrian (Hrsg.), S. XIII–XVII

Baar HA: Schmerz – Symptom oder Krankheit. 1984, in Informationsschrift der Dt. Schmerzhilfe e. V., Woldsenweg 3, 2 Hamburg 20

Barber J: Incorporating hypnosis in the management of chronic pain. 1982, in Barber & Adrian (Hrsg.), S. 40–59

Barber J & Adrian Ch (Hrsg.): Psychological approaches to the management of pain. 1982, New York: Brunner/Mazel

Barber TX: Hypnosuggestive procedures in the treatment of clinical pain. 1982, in Millon T, Green C & Meagher R (eds.): Handbook of clinical psychology. New York: Plenum Press, S. 521–560

Bardon F: Der Weg zum wahren Adepten. 1956, Freiburg/Br.: Bauer

Bardon F: Der Schlüssel zur wahren Quabbalah. 1957, Freiburg/Br.: Bauer

Beecher HK: Relationship of significance of wound to pain experienced. 1956, Journal of the American Medical Association, Bd. 161, S. 1609–1613

Beecher HK: Measurement of subjective responses: Quantitative effects of drugs. 1959, New York: Oxford University Press

Bennett A: s. Barber TX, S. 550

Berne E: Games people play. 1966, London: André Deutsch

Birbaumer N: Biofeedback. 1974, Psychologie heute, Oktober, S. 22–35

Bongartz W: Franz Anton Mesmer, Wegbereiter der modernen Hypnosetherapie. 1985, Experimentelle und klinische Hypnose (Zeitschrift der Dt. Ges. für Hypnose e. V.), Bd. 1, Heft 2, S. 77–80

Boyes D: Autogenes Yoga. 1978, München: Heyne

Bresler D: Mind controlled analgesia: The inner way to pain control. 1984, in Sheikh AA (ed.): Imagination and healing. Framingdale, New York: Baywood Publishing Company, S. 211–230

Brickenkamp R: Handbuch psychologischer und pädagogischer Tests. 1975, Göttingen: Hogrefe

Budzynski TH, Stoyva JM & Adler C: Feedback-induced muscle relaxation: Application to tension headache. 1970, Journal of Behavior Therapy and Experimental Psychiatry, Bd. 1, S. 205–211
Bullinger M & Turk DC: Selbstkontrolle: Strategien zur Schmerzbewältigung. 1982, in Keeser u. a. (Hrsg.), S. 241–283
Buranelli V: The wizard from Vienna. 1976, London: Peter Owen
Burrows GD & Dennerstein L (Hrsg.): Handbook of hypnosis and psychosomatic medicine. 1980, Amsterdam-New York-Oxford: Elsevier/North Holland Biomedical Press
Buytendijk FJJ: Pain: Its modes and functions. 1962, Chicago: University of Chicago Press
Capra F: Das Tao der Physik. 1984, Bern-München-Wien: Scherz
Carrington P: Das große Buch der Meditation. 1982, München: Scherz
Cheek DB & LeCron LM: Clinical hypnotherapy. 1968, New York: Grune & Stratton
Chertok L: Hypnose. Theorie, Praxis und Technik eines psychotherapeutischen Verfahrens. 1973, München: Kindler
Cramer HJ: Arzneimittel – Chancen und Risiken. 1985, Informationsschrift des Bundesverbandes der Pharmazeutischen Industrie e. V., Karlstr. 21, 6 Frankfurt/Main
Critchley M: Congenital indifference to pain. 1956, Annals of Internal Medicine, Bd. 45, S. 737–747
Cziske R: Faktoren des Schmerzerlebens und ihre Messung: Revidierte Mehrdimensionale Schmerzskala. 1983, Diagnostika, Bd. 29, S. 61–74
Davis RE: So kannst Du Deine Träume verwirklichen. Die Technik der Schöpferischen Imagination. 1978, Bad Homburg: Verlag CSA (Kaiser-Friedrich-Promenade 87, 6380 Bad Homburg)
Davis RE: Die Macht der Seele, erlebte Wirklichkeit. 1981, Bad Homburg: Verlag CSA
Davis RE: Einfache Einführung in die Meditation. 1982, Bad Homburg: Verlag CSA
Davis RE: Entfalte Dein inneres Potential. 1984, Bad Homburg: Verlag CSA
Davis RE: Wahrheitsstudien, 1979, Bad Homburg: Verlag CSA
Darnton R: Der Mesmerismus und das Ende der Aufklärung in Frankreich. 1983, München: Hanser
Degen R: Schein-Heil im Lotus-Sitz? 1985, Psychologie heute, Juni, S. 24–27
Dossey L: Die Medizin von Raum und Zeit. 1984, Basel: Sphinx
Ebbell B: The Papyrus Ebers. 1937, Copenhagen: Levin & Munksgaard

Ebstein E: Hippokrates. Grundsätze seiner Schriftensammlung. 1914, Leipzig: Insel

Erickson MH: An introduction to the study and application of hypnosis for pain control. 1967, in Lassner J (Hrsg.): Hypnosis and psychosomatic medicine. Berlin-Heidelberg: Springer, S. 83–90

Erickson MH: Pediatric hypnotherapy. 1958, American Journal of Clinical Hypnosis, Bd. 1, S. 25–29

Erickson MH, Rossi EL & Rossi SI: Hypnotic realities. The induction of clinical hypnosis and forms of indirect suggestion. 1976, New York: Irvington

Evans FJ: Die Kraft der bunten Pillen. 1975, Psychologie heute, März, S. 57–61

Evelyn J: Memoirs (ed. William Bray). 1871, London: A. Murray

Eysenck HJ: The structure of human personality. 1960: London: Methuen

Faller A: Der Körper des Menschen. 1972[5], Stuttgart: Thieme

Findeisen H & Gehrts H: Die Schamanen. 1983, Köln: Diederichs

Finer B & Terenius L: Endorphin involvements during hypnotic analgesia in chronic pain patients. 1981, Paper presented at the Third World Congress on Pain of the International Association for the Study of Pain, Edinburgh, Scotland, Sept 4–11

Fisch JM: Placebo therapy. 1973, San Francisco: Jossey Bass

Flor H & Turk DC: Etiological theories and treatments for chronic back pain. I. Somatic models and interventions. 1984, Pain, Bd. 19, S. 105–121

Fordyce WE: Verhaltenstherapeutische Konzepte bei chronischen Schmerzen und Krankheiten. 1980, on Davidson PO (Hrsg.): Angst, Depression und Schmerz. München: Pfeiffer, S. 199–250

Fordyce WE & Steger JC: Chronischer Schmerz. 1982, in Keeser u.a. (Hrsg.), S. 296–349

Freeman W & Watts JW: Psychosurgery in the treatment of mental disorders and intractable pain. 1950, Springfield, III.: C. C. Thomas

Fricton JR: Medical evaluation of patients with chronic pain. 1982, in Barber & Adrian (Hrsg.), S. 21–39

Fromm E: An ego-psychological theory of altered states of consciousness. 1977, International Journal of Clinical and Experimental Hypnosis, Bd. 25, S. 372–387

Ganong WF: Medizinische Physiologie. 1972[2], Berlin-Heidelberg: Springer

Gawler I: Krebs – ein Signal der Seele. 1985 München: Peter Erd Verlag

Gibson HB: Pain and its conquest. 1982, London: Peter Owen

Goldstein A & Hilgard ER: Lack of influence of the morphine antagonist naloxone on hypnotic analgesia. 1975, Proceedings of the National Academy of Sciences, Bd. 72, S. 2041–2043

Gonda J: Vedic literature (Samhitas and Brahmanas). 1975, Wiesbaden
Haaf G: Qualen, die nicht enden wollen. 1977, ZEIT-Magazin, Nr. 44, S. 56–68
Halifax J: Die andere Wirklichkeit der Schamanen. 1985, München: Goldmann
Hallaji JF: Hypnotherapeutic techniques in a Central Asian community. 1962, International Journal of Clinical and Experimental Hypnosis, Bd. 10, S. 271–274
Handwerker HO: Experimentelle Schmerzanalyse beim Menschen. 1984, in Zimmermann & Handwerker (Hrsg.), S. 87–123
Hartland J: Medical and dental hypnosis. 1971[2], London: Baillière Tindall
Herz A: Endorphine und Schmerz. 1982, in Keeser u. a. (Hrsg.), S. 69–82
Hilderbrandt J: Kommt der Facharzt für Algesiologie? 1985, Schmerztherapeutisches Kolloquium (Redaktionsbeilage der Zeitschrift Rheuma – Schmerz und Entzündung), März
Hilgard ER: Divided consciousness: Multiple controls in human thought and action. 1977a, New York: Wiley
Hilgard ER: The problem of divided consciousness: A neodissociation interpretation. 1977b, Annals of the New York Academy of Sciences (ed. by WE Edmonston jr.), Bd. 296, S. 48–59
Hilgard ER: Hypnosis in the treatment of pain. 1980, in Burrows & Dennerstein (Hrsg.), S. 233–267
Hilgard ER & Hilgard JR: Hypnosis in the relief of pain. 1975, Los Altos, Calif.: W. Kaufmann
Hilgard ER & Morgan AH: Heart rate and blood pressure in the study of laboratory pain in man under normal conditions and as influenced by hypnosis. 1975, Acta Neurobilogiae Experimentalis, Bd. 35, S. 741–759
Holmes E: Die Vollkommenheitslehre. 1978, Freiburg/Br.: Bauer
Houston WR: Doctor himself as therapeutic agent. 1938, Annals of Internal Medicine, Bd. 11, 1416
Howald W: Meditationsforschung. 1984, Trendwende (Verlag J. F. Uebel, PF 12 60, 2862 Worpswede), Nr. 8, S. 7–8
Hubbard LR: Die Probleme der Arbeit. 1973, Kopenhagen: Publications Department of Scientology
Inglis B: Self Diagnosis – Self Medication. 1977, Royal Society of Health Journal, Bd. 97, S. 156–158
Jampolsky GG: Lieben heißt die Angst verlieren. 1984[5], Waldeck-Dehringhausen: Felicitas Hübner Verlag
Jencks B: Your body – biofeedback at its best. 1977, Chicago: Nelson Hall
Jewesbury ECO: Insensitivity to pain. 1951, Brain, Bd. 74, S. 336

Joy WB: Der Weg der Erfüllung. Die Psychologie der Transformation. 1985, Interlaken: Ansata (P. A. Zemp, Rosenstr. 24, CH-3800 Interlaken)
Keeser W, Pöppel E & Mitterhusen P (Hrsg.): Schmerz. 1982, München: Urban & Schwarzenberg
Keyes K jr: How to enjoy your life in spite of it all. 1980, St. Mary, Kentucky 40063: Living Love Publ.
Keyes K jr: Rezepte zum Glück. 1984[2], Waldeck-Dehringhausen: Felicitas Hübner Verlag
Keys TE: The history of surgical anesthesia. 1963, New York: Dover Publ.
Köhler H & Budde HG: Psychologische Schmerztherapie. Klientenmanual – schriftliches Begleitmaterial zum Kurs. 1983, 5. Fortbildungstagung des Berufsverbandes Deutscher Psychologen, Bad Lauterberg/Harz, 22.–26. April
Kroger WS: Clinical and experimental hypnosis. 1977[2], Philadelphia-Toronto: Lippincott
Kroger WS & Fezler WD: Hypnosis and behavior modification – imagery conditioning. 1976, Philadelphia-Toronto: Lippincott
Kuwahara Y & Allred GT: Kamikaze. 1957, New York: Ballantine Books
Lansky Ph: Possibility of hypnosis as an aid in cancer therapy. 1982, Perspectives in Biology and Medicine, Bd. 25, S. 496–503
Leriche R: The surgery of pain. 1939, Baltimore: Williams & Wilkins
Ludwig AM: An historical survey of the early roots of mesmerism. 1964, International Journal of Clinical and Experimental Hypnosis, Bd. 12, S. 205–217
Machovec FJ: Hypnosis before Mesmer. 1975, American Journal of Clinical Hypnosis, Bd. 17, S. 215–220
Machovec FJ: The cult of Asklipios. 1979, American Journal of Clinical Hypnosis, Bd. 22, S. 85–90
Marks RW: The story of hypnotism. 1947, New York: Prentice-Hall
Masters R: How your mind can keep you well. 1972, Los Angeles: Foundation Books
McMurray GA: Experimental study of a case of insensitivity to pain. 1950, Archives of Neurology and Psychiatry, Bd. 64, S. 650
Melzack R: The puzzle of pain. 1973, New York: Basic Books
Melzack R: The McGill Pain Questionnaire: major properties and scoring methods. 1975, Pain, Bd. 1, S. 277–299
Melzack R & Scott TH: The effects of early experience on the response to pain. 1957, Journal of Comparative and Physiological Psychology, Bd. 50, S. 155–161
Melzack R & Torgerson WS: On the language of pain. 1971, Anesthesiology, Bd. 34, S. 50–59

Melzack R & Wall PD: Schmerzmechanismen: Eine neue Theorie. 1982, in Keeser u. a. (Hrsg.), S. 8–29
Melzack R & Wall PD: The challenge of pain. 1983, New York: Basic Books
Merskey H & Spear GF: Pain: Psychological and psychiatric aspects. 1967, London: Baillière Tindall & Cassell
Miller J: Taking the »ouch« out of headaches. 1982, Atlanta, GA 30339-0533: Atlanta Headache Clinic, P. O. Box 723533
Muthu DC: The antiquity of hindu medicine and civilisation. 1931 (Neuaufl. 1972), Boston: Milford House
Naimy M: The book of Mirdad. 1983, London: Clear Press (London ECIY OTB, 14 Baltic St.)
Ostrander S, Ostrander N & Schroeder L: Super-learning. 1980, Bern-München: Scherz
Oyle I: Time, space and the mind. 1976, Millbrae, California: Celestial Arts
Palfreman J: Mesmerism and the english medical profession. 1977, Ethics in Science and Medicine, Bd. 4, S. 51–66
Pawlow IP: Conditioned reflexes. 1927, Oxford: H. Milford
Pawlow IP: Lectures on conditioned reflexes. 1928, New York: International Publishers
Pelletier KR: Unser Wissen vom Bewußtsein. 1982, München: Kösel
Petrie A: Personality and the frontal lobes. 1952, London: Routledge & Kegan Paul
Petrie A: Individuality in pain and suffering. 1967, New York: Raven Press
Pöppel E: Lust und Schmerz. 1982, Berlin: Severin und Siedler
Pschyrembel W: Klinisches Wörterbuch. 1982^{254}, Berlin-New York: W. Gruyter
Pulos L: Mesmerism revisited: The effectiveness of Esdaile's techniques in the production of deep hypnosis and total body hypnoanasthesia. 1980, American Journal of Clinical Hypnosis, Bd. 22, S. 206–211
Quen JM: Mesmerism, medicine and professional prejudice. 1976, New York State Journal of Medicine, Dec, S. 2218–2222
Rasmussen K: Reise eines Schamanen zu Takánakapsâluk, dem Geist des Meeres. 1978, in Tedlock D & B (Hrsg.): Über den Rand des tiefen Canyon. Lehren indianischer Schamanen. Köln: Diederichs, S. 35–41
Rausch V: Cholecystectomy with self-hypnosis. 1980, American Journal of Clinical Hypnosis, Bd. 22, S. 124–129
Rhinehart L: The book of EST. 1977, London: Abacus (Sphere Books, 30/32 Gray's Inn Rd., London WCiX8JL)
Rogers SP: Early psychotherapies. 1947, Ciba Symposia, Bd. 9, April-May, S. 602–632

Rossi EL (Hrsg.): The collected papers of Milton H. Erickson on hypnosis, Vol. I–IV. 1980, New York: Irvington
Sacerdote P: Theory and practice of pain control in malignancy and other protracted or reccuring painful illnesses. 1970, International Journal of Clinical and Experimental Hypnosis, Bd. 18, S. 160–180
Sacerdote P: Application of hypnotically elicited mystical states to the treatment of physical and emotional pain. 1977, International Journal of Clinical and Experimental Hypnosis, Bd. 25, S. 309–324
Sacerdote P: Teaching self-hypnosis to patients with chronic pain. 1978, Journal of Human Streff, Bd. 4, S. 18–21
Sacerdote P: Teaching self-hypnosis to adults. 1981, International Journal of Clinical and Experimental Hypnosis, Bd. 29, S. 282–299
Sacerdote P: Techniques of hypnotic intervention with pain patients. 1982, in Barber & Adrian (Hrsg.), S. 60–83
Schiegl H: Heilmagnetismus. Die Übertragung von Lebenskraft. 1983, Freiburg/Br.: Bauer
Schmidt KO: Richtig denken – richtig leben. 1972[2], Pforzheim: Verlag H.T. Frick, Abt. Unity
Schmidt KO: Gedanken sind wirkende Kräfte. 1982[3], Pforzheim: Verlag H.T. Frick, Abt. Unity
Schmidt KO: Vorgeburtliche Erziehung. Dynamische Ehe-Gestaltung und Kleinkind-Erziehung. 1975[2], Engelsberg/Schweiz + München: Drei Eichen Verlag
Schuman M: Biofeedback in the management of chronic pain. 1982, in Barber & Adrian (Hrsg.), S. 150–167
Schwarz J: The path of the action. 1977, New York: Dutton
Schwarz J: Voluntary controls. Exercises for Creative Meditation and for activating the potential of the chakras. 1978, New York: Dutton
Seemann H: Schmerzdokumentation für den ambulaten Patienten. 1984, in Zimmermann & Handwerker (Hrsg.), S. 249–259
Shapiro AK: A contribution to a history of the placebo effect. 1960, Behavior Science, Bd. 5, S. 109–135
Shealy CN: The pain game. 1976, Berkeley, Calif.: Celestial Arts
Shealy CN: 90 days to self-health. 1977, New York: Dial Press
Shealy CN: Annual newsletter of the Shealy Pain and Health Rehabilitation Institute. 1982 (May), Springfield, Missouri (at Medical South, 3525 South National, Springfield, Missouri, 65807)
Shealy CN: Pain control (paper). 1983, Springfield, Missouri: Shealy Institute

Shealy CN: The Shealy Institute. 1984, Springfield, Missouri: Shealy Institute

Silva J & Miele Ph: Silva Mind Control. 1983, (7989) Argenbühl-Eglofstal: H. Schwab

Simonton OC, Simonton-Matthews S & Creighton J: Wieder gesund werden. 1982, Reinbek b. Hamburg: Rowohlt

Stam HJ & Spanos NP: The asclepian dream healings and hypnosis: A critique. 1982, International Journal of Clinical and Experimental Hypnosis, Bd. 30, S. 9–22

Sternbach RA (Hrsg.): The psychology of pain. 1968, New York: Raven Press

Sternbach RA: Pain patients: Traits and treatment. 1974, New York: Academic Press

Sternbach RA: Psychologische Verfahren bei der Behandlung von Schmerz. 1982 a, in Keeser u. a. (Hrsg.), S. 284–295

Sternbach RA: The psychologist's role in the diagnosis and treatment of pain patients. 1982 b, in Barber & Adrian (Hrsg.), S. 3–20

Strauss A: Theurgische Heilmethoden. Heilung durch Gebete, kabbalistische Zeichen und Kraft der Worte. 1979, CH-3150 Schwarzenburg: Ansata (neue Anschrift des Verlages s. Joy)

Svoboda T: Kognitive Verhaltenstherapie(n) und Hypnose. Theoretische Grundlagen und eine klinische Pilot-Studie. 1979, Würzburg: Unveröffentlichte Dissertation

Svoboda T: Das Hypnosebuch. 1984, München: Kösel

Svoboda T: Experimentelle Theorien der Hypnose: I. Ernest R. Hilgard. 1985, Unveröffentlichtes Manuskript

Svoboda T & Hehl FJ: Prüfverfahren für klinisch relevante Hypnosemerkmale. 1985, Göttingen: Institut für den Wissenschaftlichen Film, Nr. C 1563

Szasz T: A psychiatric perspecitve on pain and its control. 1974, in Hart FD (Hrsg.): The treatment of chronic pain. Lancaster: Medical and Technical Books, S. 43

Theimer W: Handbuch naturwissenschaftlicher Grundbegriffe. 1978, München: Deutscher Taschenbuch Verlag

Tinterow MM (Hrsg.): Foundations of hypnosis. From Mesmer to Freud. 1970, Springfield, III.: C. C. Thomas

Turk DC & Flor H: Etiological theories and treatments for chronic back pain. II. Psychological models and interventions. 1984, Pain, Bd. 19, S. 209–233

Turk DC, Meichenbaum DH & Berman WH: Die Anwendung von Biofeedback bei der Schmerzkontrolle: Ein kritischer Überblick. 1982, in Keeser u. a. (Hrsg.), S. 350–376

Van Lysebeth A: Die große Kraft des Atems. Die Atemschule des Pranayama. 1977[3], München: O. W. Barth

Veith I (Hrsg.): Huang Ti Nei Ching Su Wên. The yellow emperor's classic of internal medicine. 1966, Berkeley-Los Angeles: University of California Press

Vivekananda S: Raja-Yoga. 1978[5], Freiburg/Br.: Bauer

Von Sebottendorf RF: Die geheimen Übungen der türkischen Freimauerer. 1977[4], Freiburg/Br.: Bauer

Weinfurter K: Der brennende Busch. Der entschleierte Weg der Mystik. 1976[7], Bietigheim: Rohm

Weisenberg M (Hrsg.): Pain: Clinical and experimental perspectives. 1975, St. Louis, Mo.: Mosby

Weisenberg M: Schmerz und Schmerzkontrolle. 1982, in Keeser u. a. (Hrsg.), S. 191–240

Weisenberg M, Kreindler ML, Schacht R & Werboff J: Anxiety and attitudes in black, white und Puerto Rican patients. 1975, Psychosomatic Medicine, Bd. 37, S. 123–135

Weitzenhoffer AM: General techniques of hypnotism. 1957, New York: Grune & Stratton

Wilber K: Wege zum selbst. 1984, München: Kösel

Wissler C: The sun dance of the Blackfoot Indians. 1921, American Museum of Natural History, Antropology Papers, Bd. 16, S. 223–270

Wittchen HU & Brengelman JC (Hrsg.): Psychologische Therapie bei chronischen Schmerzpatienten. Programme und Ergebnisse. 1985, Berlin-Heidelberg: Springer

Wittchen HU & Lässle R: Das Situationsbezogene Entspannungsprogramm (SEP) für chronische Migränepatienten – Stabilität und Spezifität der therapeutischen Veränderungen. 1985, in Wittchen & Brengelmann (Hrsg.), S. 23–50

Yogananda P: Autobiographie eines Yogi. 1983 a[13], München: O. W. Barth

Yogananda P: Wissenschaftliche Heil-Meditationen. 1983 b[7], München: O. W. Barth

Zimmermann M: Neurophysiologische Mechanismen von Schmerz und Schmerztherapie. 1982, in Keeser u.a. (Hrsg.), S. 46–68

Zimmermann M & Handwerker HO (Hrsg.): Schmerz. Konzepte und ärztliches Handeln. 1984, Berlin-Heidelberg: Springer

Bücher für positive Lebensgestaltung

Hans-Peter Jenssen

Dein Biorhythmus

232 Seiten mit 700 Tabellen, gebunden, mit Schutzumschlag

Biorhythmus – das ist die Antwort der Wissenschaft auf die Astrologie. Seinen eigenen Biorhythmus zu kennen, ist eine unschätzbare Hilfe im Alltag, den eigentlich jeder Mensch in seine persönliche und berufliche Lebensplanung mit einbeziehen müßte.
Das umfassende Handbuch erlaubt jedem Menschen, einfach und klar seinen eigenen Biorhythmus mittels Tabellen eindeutig zu bestimmen.

OESCH VERLAG
Klausstraße 10, CH-8008 Zürich

Erhältlich in Ihrer Buchhandlung.
Bitte verlangen Sie das kostenlose Gesamtverzeichnis
«Bücher für positive Lebensgestaltung»
direkt beim Verlag.

Bücher für positive Lebensgestaltung

Die Mandelbäume in Blüte: alles, was wir hier leisten können, ist, sich ohne Rest erkennen in der irdischen Erscheinung.

R. M. Rilke

Martin Henglein

Die heilende Kraft der Wohlgerüche und Essenzen

240 Seiten, gebunden
mit Schutzumschlag

Unseren Vorfahren war sie noch wohlbekannt, die Heilkraft der wohlriechenden Pflanzenextrakte, deren Duft Körper und Geist in Harmonie versetzt. Die Rezepturen wurden mit Gold aufgewogen und mit Blut erkämpft. Es ist kein Zufall, daß wir die Wirkungsweise der ätherischen Öle gerade heute wiederentdecken, da die ständig wachsende Luftverschmutzung für unsere Gesundheit immer bedrohlicher wird.
Dieses Buch lehrt seinen Leser den richtigen Umgang mit den Wohlgerüchen und Essenzen, ihre Zubereitung und Anwendung und klärt ihn gleichzeitig über ihre heilende und wohltuende Wirkung auf.

OESCH VERLAG

Klausstraße 10, CH-8008 Zürich

Erhältlich in Ihrer Buchhandlung.
Bitte verlangen Sie das kostenlose Gesamtverzeichnis
«Bücher für positive Lebensgestaltung»
direkt beim Verlag.